PERFILES DEL DESARROLLO

Desde antes del nacimiento hasta los ocho años

3ª edición

Early Childhood Education
providing lessons for life

www.EarlyChildEd.delmar.com

PERFILES DEL DESARROLLO

Desde antes del nacimiento hasta los ocho años

3ª Edición

K. Eileen Allen
Profesora Emérita,
Universidad de Kansas

Lynn R. Marotz, Ph.D., R.N.
Universidad de Kansas

Africa • Australia • Canada • Denmark • Japan • Mexico • New Zealand • Philippines
Puerto Rico • Singapore • Spain • United Kingdom • United States

NOTA AL LECTOR

El editor no se responsabiliza ni garantiza ninguno de los productos aquí descritos, ni realiza ningún análisis independiente relacionado con la información sobre productos aquí contenida. El editor no asume ninguna obligación, y expresamente las declina todas, en cuanto a obtener e incluir otras informaciones que las proporcionadas por el fabricante.

Se advierte expresamente al lector que debe considerar y adoptar todas las precauciones indicadas en las actividades aquí descritas y evitar peligros potenciales que se deriven de ellas. Al seguir las instrucciones expuestas, el lector asumirá voluntariamente todos los riesgos que se relacionen con ellas.

El editor no es garante ni representante de ninguna clase, incluyendo, pero sin estar limitado a ellas, las garantías de idoneidad para un propósito en particular o con propósitos comerciales, ni debe considerarse implícita ninguna representación con respecto al material aquí presentado, ni el editor se responsabiliza de tal material. El editor no será responsable de los daños especiales, consiguientes ni punitivos que resulten, total o parcialmente, de que los lectores usen este material, o se basen en él.

Personal de Delmar:
Director de la Unidad de Negocios: Susan L. Simpfenderfer
Editor ejecutivo: Marlene McHugh Pratt
Editor de adquisiciones: Erin O'Connor Traylor
Coordinador ejecutivo de producción: Wendy A. Troeger
Asistente Editorial: Alexis Ferraro
Editor de producción: Eileen M. Clawson
Coordinador ejecutivo de comercialización: Donna J. Lewis
Coordinador de canales: Nigar Hale

Diseño de portada: Publisher's Studio

Impreso en Canadá
1 2 3 4 5 6 7 8 9 10 XXX 05 04 03 02 01 00

Para más información, comuníquese con Delmar, 3 Columbia Circle, PO Box 15015, Albany, NY 12212-0515; o búsquenos en la red en http://www.delmar.com o http://www.EarlyChildEd.delmar.com

Library of Congress Cataloging-in-Publication Data

Allen, L. Eileen, 1918–
    Perfiles del desarrollo : desde antes del nacimiento hasta los ocho años / K. Eileen
Allen, Lynn R. Marotz. — 3ª. ed.
      p..   cm.
    Incluye referencias bibliográficas e índice.
    ISBN 0-8273-8605-2 (Inglés), ISBN 0-7668-2579-5
    1. Desarrollo infantil.   I. Marotz, Lynn R.   II. Título.
RJ131.A496   1999
155.4—dc21   98-26634
                              CIP

CONTENIDO

PREFACIO

Perfiles del Desarrollo se inicia con un breve repaso a los temas principales del desarrollo infantil. Sirve para recordar principios básicos y antecedentes para los diversos capítulos que siguen, sobre las expectativas para cada nivel de edad. Los capítulos finales se enfocan a cuándo y dónde buscar ayuda si existe algún motivo de preocupación sobre un niño.

Perfiles del desarrollo está destinado a:

- estudiantes del desarrollo infantil y de la primera infancia y alumnos de magisterio;
- encargados del cuidado de niños en hogares, guarderías, establecimientos de educación preescolar y programas "Head Start", así como niñeras dentro del propio hogar;
- profesionales afines de campos como enfermería, nutrición, audiología, trabajo social, terapia física y ocupacional, psicología, medicina y terapia del habla y el lenguaje, así como de otras disciplinas que proporcionan servicios a los niños y sus familias;
- y a los padres, los que más contribuyen al desarrollo óptimo de un niño.

Perfiles del desarrollo proporciona información de carácter no técnico sobre:

- qué esperar de los niños en cada etapa de su desarrollo;
- las formas en que todas las áreas del desarrollo se entrelazan y apoyan mutuamente;
- la senda exclusiva que sigue cada niño en un proceso de desarrollo que es parecido, y sin embargo diferente, entre niños de edad similar;
- que sean las secuencias, y no la edad, el concepto crucial para juzgar el progreso del desarrollo;
- el uso de normas de desarrollo al enseñar, observar y evaluar a los niños y al diseñar experiencias de aprendizaje individuales y de grupo.

Perfiles del desarrollo incluye varias características especiales:

- Una sección que define y describe brevemente los términos y conceptos de uso más común en la literatura sobre desarrollo infantil.
- Perfiles concisos de los dominios del desarrollo en diversos niveles de edad, desde antes del nacimiento hasta los ocho años.

- Llamadas de atención sobre el desarrollo para cada nivel, es decir, señales que indican un posible retraso o problema.
- Descripciones de actividades y rutinas diarias típicas de los niños en cada nivel de edad.
- Dónde y cómo conseguir ayuda si existe motivo de preocupación sobre el desarrollo de un niño.
- Direcciones electrónicas de una cantidad de organizaciones profesionales y fuentes de información.
- Una completa lista de puntos a comprobar en el proceso de observación y selección y un resumen de los primeros reflejos de los bebés.
- Bibliografía anotada con lecturas de apoyo y adicionales sobre desarrollo infantil, selección y evaluación, recursos de referencia y de información.
- Inserciones en color que destacan la diversidad de los niños y las familias y observan a los niños en ambientes naturales.
- Un modelo de formulario de historia de salud, y ejemplos de instrumentos de evaluación y selección de uso frecuente, diseñados para evaluar a lactantes, niños de menos de dos años y a partir de esta edad.

INTRODUCCIÓN

La tercera edición de *Perfiles del desarrollo: Desde antes del nacimiento hasta los ocho años* se ha ampliado y actualizado. Al mismo tiempo, conserva la intención original de los autores proporcionar una guía amplia, sin ser técnica y fácil de seguir, para las primeras etapas del desarrollo. Las características principales de cada dominio de desarrollo para cada nivel de edad continúan en el mismo formato original, punto por punto (Capítulos 4 a 7). Esta distribución ha resultado de enorme valor para maestros, estudiantes, padres y médicos para obtener fácilmente la información requerida. Las Rutinas diarias para cada edad se localizan fácilmente en los cuadros sombreados. El sombreado permite distinguir rápidamente las Rutinas de las Actividades de aprendizaje y las Llamadas de atención sobre el desarrollo, que también se anotan. El vocabulario del término del glosario, como en ediciones anteriores, está en negrita en todo el texto y cada término se define al final de la página en que se utilizó.

Numerosas características especiales y adiciones realzan la tercera edición. Incluyen:

INSERCIONES A TODO COLOR SOBRE DIVERSIDAD Y OBSERVACIÓN DE LOS NIÑOS

Estas nuevas inserciones se han incluido para llamar la atención del lector sobre temas actuales de importancia. Uno de ellos se centra en la diversidad y sus implicaciones para maestros, cuidadores y profesionales médicos afines. Muestra la gama de diferencias culturales, económicas y de desarrollo que caracterizan a los niños y familias en nuestras escuelas y centros de atención infantil. Otra inserción se ocupa del importantísimo tema de la observación de niños. Se hace hincapié en el valor de la observación sistemática para asegurar calidad y guía individualizada en los programas para la primera infancia. Se describen diversas tácticas de observación que pueden utilizar los maestros, padres y estudiantes cuando observan a los niños en ambientes naturales como el hogar y la escuela.

AHORA SE TRATAN POR SEPARADO LOS NIÑOS DE SIETE Y LOS DE OCHO AÑOS

A pesar de la considerable superposición que existe en el desarrollo a estas dos edades, las diferencias justifican la división que ahora se presenta en el Capítulo 7. Como siempre, los autores alertan sobre el hecho de que los niveles de expectativas para un nivel de edad se basan en un promedio de comportamientos y logros de gran número de niños de edad similar, en cada área de desarrollo. En la vida real, niños que se desarrollan de forma típica se desvían igualmente de la norma.

CAPÍTULOS 8 Y 9

Cuándo buscar ayuda (Capítulo 8) se ha actualizado y ampliado, y se ha cambiado de lugar la lista anterior de instrumentos de selección. En el Apéndice 4 se encuentran listas más amplias y totalmente actualizadas. Este apéndice nuevo clasifica por separado los instrumentos de selección y de evaluación. Estos instrumentos se agrupan según el desarrollo general y las áreas específicas de desarrollo. También se ha redactado nuevamente Dónde buscar ayuda para proporcionar más información sobre recursos. Esta nueva edición presenta direcciones electrónicas de diversas organizaciones profesionales. Estos sitios fiables contienen un tesoro de informaciones sobre áreas de interés, tanto generales como especializadas.

BIBLIOGRAFÍA ANOTADA

La Bibliografía anotada se encuentra ahora en el Apéndice 5. Las referencias se han actualizado totalmente, conservando los títulos que ya se han convertido en clásicos. Se han agregado dos secciones nuevas una sobre observación de niños, la otra sobre la diversidad en una sociedad plural.

NOTAS FILOSÓFICAS

La práctica habitual de dividir la infancia en unidades relacionadas con la edad, en meses y años, puede distorsionar la realidad del desarrollo humano. Por otra parte, al describir expectativas, progreso y retrasos en el desarrollo, otros sistemas parecen funcionar incluso peor. Es conveniente recalcar aquí, como se hace una y otra vez en el texto, que las especificaciones de edad son sólo hitos aproximados derivados de *promedios* o *normas*. En cierto modo, se los puede considerar como puntos medios y no intentan representar a ningún niño en particular. Las expectativas según la edad no pueden verse como términos que resuman habilidades, que varían de un niño a otro tanto en la forma como en el momento de su adquisición. La consideración verdaderamente importante al juzgar el desarrollo de un niño es la *secuencia.* La cuestión esencial no es la edad cronológica, sino si el niño va avanzando paso a paso en cada área de desarrollo. *Perfiles del desarrollo* resulta un recurso muy valioso para encarar este tema.

Como en las dos primeras ediciones de *Perfiles del desarrollo,* se consideran con todo detalle los días, semanas y meses iniciales de la primera infancia. Así debe ser. Los hallazgos de la investigación sobre el desarrollo de los lactantes son verdaderamente sorprendentes. Es de veras notable lo que es capaz de aprender el recién nacido. Es asombroso, sobre todo, teniendo en cuenta la creencia popular de que los bebés no hacen más que revolverse en un estado de confusión y sonidos inarticulados. ¡Lejos de eso!

Al integrarse cada vez más bebés en los programas para lactantes, a edades cada vez menores, es importante que sus cuidadores posean suficientes conocimientos sobre el desarrollo y el aprendizaje en los lactantes, y que los padres tengan expectativas apropiadas y puedan describir a los encargados lo que quieren y creen que es mejor para sus hijos. El primer año de vida es crucial en cuanto a establecer los cimientos del aprendizaje en cada área de desarrollo. El amplio abanico de comportamientos nuevos y complejos que deben aprender los niños menores de dos años y preescolares en el término de tres o cuatro años también es enorme.

En ningún otro período de la vida se esperará tanto de un individuo en tan poco tiempo. Estando el cuidado en manos de personas distintas de los padres más como norma que como excepción, es esencial que unos y otros conozcan bien cómo crecen, se desarrollan y aprenden los niños pequeños. Por ello, un tema subyacente de *Perfiles del desarrollo* sigue siendo la colaboración con los padres. Aunque el niño permanezca muchas horas al día con sus cuidadores, los padres tienen el papel más significativo. Hace falta alentarlos a que hablen de sus hijos, sus observaciones y lo que les preocupa. Estas informaciones forman parte integral del bienestar de todo niño. Y siempre, cuando hablen los padres, los profesionales necesitan escuchar con atención y responder con respeto auténtico.

La colaboración con los padres se hace aún más crucial cuando se supone que un niño tiene un problema o algo irregular en su desarrollo. Las Llamadas de atención después de cada sección de edad pueden ser especialmente útiles para padres o maestros para iniciar una conversación sobre sus preocupaciones. Hay que destacar, sin embargo, que en ninguna circunstancia se debería considerar este libro, ni otro alguno, como instrumento de diagnóstico de un problema de desarrollo. Esa es tarea de los expertos.

Las finalidades de este texto se pueden resumir de la manera siguiente:

- proporcionar un repaso breve de los principios de desarrollo;
- suministrar información fácilmente accesible sobre qué esperar en cada nivel de desarrollo;
- sugerir formas apropiadas para que los adultos faciliten el aprendizaje y el desarrollo en los primeros años de vida;
- individualizar las señales de advertencia sobre posibles problemas de desarrollo;
- indicar cómo y dónde conseguir ayuda;
- recalcar el valor de la observación directa de los niños en todos los programas para la primera infancia;
- describir la diversidad cultural y racial en términos de su impacto sobre el proceso de desarrollo.

AGRADECIMIENTOS

Las autoras y Delmar Publishers agradecen a los siguientes revisores por sus valiosos comentarios y sugerencias.

Carolyn S. Cooper, Ph.D.
Eastern Illinois University
Charleston, IL

Margaret DiCarlo
New Hope Manor School
Kauneonga Lake, NY

Ruth R. Saxton, Ph.D.
Georgia State University
Atlanta, GA

Ann Schmidt
Champlain College
Burlington, VT

Wanda Smith
Petit Jean Technical College
Morrilton, AR

Gayle M. Stuber, Ph.D.
Baker University
Baldwin City, KS

Bette Talley, Ph.D.
Southeastern Bible College
Birmingham, AL

ACERCA DE LAS AUTORAS

K. Eileen Allen enseñó en la Universidad de Washington, en Seattle y en la de Kansas, en Lawrence. Cuando se retiró después de un total de treinta y un años de docencia en las dos universidades, regresó a Seattle. En ambas instituciones enseñó desarrollo infantil, relaciones familiares y educación de la primera infancia. También formó a profesores y supervisó aulas-laboratorio de desarrollo infantil. A lo largo de toda su carrera publicó libros de texto y numerosos trabajos de investigación. Muchas de estas publicaciones se centran en la ayuda a niños con problemas de aprendizaje y comportamiento, otras en un enfoque interdisciplinario a la intervención temprana. Diez años después de retirarse se encuentra tan activa como siempre, revisando sus libros de texto, editando artículos que se presentan para publicación, tomando parte en diversas juntas y haciendo algo de consultoría (con los emprendimientos de Microsoft para la primera infancia como ejemplo de un trabajo reciente e interesante). La defensa de los niños sigue siendo una de sus prioridades. Actualmente su actividad se concentra en el "Washington State Literacy Program" (Programa de alfabetización del Estado de Washington) y sus esfuerzos por llevar la alfabetización temprana a los hogares de bajos ingresos y a los proyectos de atención a la infancia.

Lynn R. Marotz forma parte del claustro del "Departament of Human Development and Family Life" (Departamento de desarrollo humano y vida familiar), y también actúa como directora adjunta del "Edna A. Hill Child Development Center" (Centro de desarrollo infantil Edna A Hill) de la Universidad de Kansas. Aporta sus antecedentes de enfermería, su formación en educación y años de experiencia con niños, al campo de la primera infancia. Sus intereses primordiales incluyen la formación de profesores y la administración escolar, desarrollo de políticas, identificación precoz de trastornos de salud y la promoción del bienestar de los niños pequeños. Dicta cursos para estudiantes y graduados sobre desarrollo infantil, administración, salud y nutrición. Su experiencia incluye también una extensa relación con desarrollo de políticas, exámenes de salud, trabajo con padres y profesionales sanitarios afines y el procesamiento de referencias. Ha presentado numerosas ponencias en conferencias nacionales y de estados y es autora de una variedad de publicaciones sobre la salud infantil, identificación de enfermedades y problemas de desarrollo, seguridad medioambiental y nutrición. Además, forma parte también de varios consejos asesores locales y del estado.

CAPÍTULO 1

CONCEPTOS PRINCIPALES DEL DESARROLLO INFANTIL

El estudio del desarrollo infantil ha estado en el punto de mira de la psicología desde la década de 1920. A lo largo de estos años, ha habido un continuo desacuerdo conocido como **controversia de la herencia frente al ambiente (naturaleza/crianza).** Entre los partidarios de uno y otro lado de esta cuestión, una larga línea de investigadores nos proporcionan los conceptos principales relativos a la manera en que los niños aprenden, crecen y maduran. La mayor parte de nuestros conocimientos actuales provienen de cuatro enfoques principales: de la maduración, psicoanalítico, del desarrollo cognoscitivo y teoría del aprendizaje. *más importante de todos. (Dewey)*

1. La teoría de la maduración promueve un enfoque biológico, o *de la naturaleza,* en el desarrollo humano. Históricamente, Arnold Gesell es la figura significativa en este área de investigación sobre el desarrollo. Supuso que el desarrollo está gobernado principalmente por fuerzas internas de origen biológico y genético.

2. La teoría psicoanalítica implica que buena parte del comportamiento humano está gobernado por procesos inconscientes, algunos presentes al nacer, otros desarrollados con el correr del tiempo. Sigmund Freud es el creador reconocido de la teoría psicoanalítica en cuanto se aplica al desarrollo, tanto de niños como de adultos. *Sigmund Freud. (todos los placeres están en la boca)*

3. La teoría del desarrollo cognoscitivo se atribuye a Jean Piaget, que postuló que los niños construyen sus propios conocimientos a través de la exploración activa de su medio ambiente. Surgen cuatro etapas principales del desarrollo, dos de las cuales ocurren en los primeros años: primero la etapa sensoriomotor, luego la etapa preoperacional. *proceso.*

4. La teoría del aprendizaje, en su forma moderna, nace de los trabajos de B. F. Skinner, que formuló el enfoque de la *crianza,* o enfoque ambiental. Sostenía que el desarrollo, en su mayor parte, es una serie de comportamientos aprendidos que se basan en las interacciones positivas y negativas del individuo con su mundo inmediato.

---

la controversia de la herencia frente al ambiente (naturaleza/crianza)—Se refiere a si el desarrollo se debe primordialmente a fuerzas biológicas/genéticas (herencia/naturaleza) o a fuerzas externas (ambiente/crianza).

Los enfoques actuales del desarrollo infantil rara vez se basan en una sola teoría con exclusión de las demás. Cada teoría ha efectuado contribuciones importantes a nuestra comprensión de los niños. La mayoría de los investigadores de hoy descartan la cuestión naturaleza/crianza como una propuesta improbable de "una cosa u otra". Ven el desarrollo como interacción de influencias ambientales y características innatas.

Para proporcionar guía y cuidados eficaces a los niños pequeños, es esencial que los padres, cuidadores y maestros comprendan los conceptos principales del desarrollo infantil que han surgido de las diversas teorías. El desarrollo y el comportamiento general de cada niño pueden así enfocarse, día a día. Esa comprensión también da una perspectiva más amplia de cada niño. Este enfoque doble es indispensable para ayudar a que todos los niños crezcan y se desarrollen de la manera más apropiada para que para cada uno como individuo único.

Los siguientes conceptos claves se han seleccionado por su importancia actual y uso extendido en el campo del desarrollo infantil. Por variados que sean estos conceptos, es necesario entenderlos y aplicarlos todos si se desea trabajar eficazmente con lactantes y niños pequeños.

NECESIDADES ESENCIALES

Todos los niños, los que siguen un desarrollo normal o típico, los que tienen incapacidades de desarrollo y los que están **en situación de riesgo** de problemas de desarrollo, tienen varias necesidades físicas y psicológicas en común. Estas necesidades deben satisfacerse si se quiere que los niños sobrevivan, crezcan bien y se desarrollen hasta el máximo de su potencial. Muchos psicólogos del desarrollo consideran los primeros años como los más cruciales de toda la vida. Nunca volverá el niño a crecer tan rápidamente ni a cambiar de manera tan dramática. Durante los primeros años, los niños aprenden todos los numerosos comportamientos característicos de la especie humana—caminar, hablar, pensar y relacionarse. ¡Es realmente asombroso que todo esto se haga en los dos o tres primeros años! Y nunca más volverá a ser el niño tan totalmente dependiente de los padres, cuidadores y maestros para la satisfacción de las necesidades básicas de la vida y para que le proporcionen oportunidades de aprender.

Para discutir las necesidades esenciales de forma ordenada y lógica, se pueden separar en grupos. Sin embargo, hay que entender que las necesidades físicas y psicológicas están interrelacionadas y dependen unas de otras. Satisfacer las necesidades físicas de un niño, descuidando las psicológicas, puede crear problemas en el desarrollo. Lo contrario también es verdad,—un niño descuidado físicamente experimenta dificultades a menudo para aprender y llevarse bien con los demás.

---

en situación de riesgo—Término que describe a los niños con mayores probabilidades de sufrir problemas de desarrollo debido a ciertos factores de predisposición, como parto prematuro, desatención o nutrición inadecuada.

**Los niños necesitan recibir afecto y atención
positiva de los adultos.**

Necesidades físicas

- Refugio y protección.
- Alimentación nutritiva y apropiada a la edad del niño.
- Calor, ropa adecuada.
- Cuidados preventivos de salud general y bucal; tratamiento de trastornos físicos y mentales cuando sea necesario.
- Higiene.
- Períodos equilibrados de reposo y actividad.

Necesidades psicológicas

- Afecto y constancia, padres y cuidadores—**formadores** que el niño pueda esperar que "estén" para él.
- Ambiente familiar de seguridad y confianza—con padres y cuidadores que respondan de forma fiable a las necesidades infantiles.
- Intercambios **recíprocos**—que comiencen en los primeros días las interacciones de "dar y recibir" que fomentan las respuestas del niño.
- Expectativas apropiadas por parte de los adultos sobre lo que el niño puede y no puede hacer en cada nivel de desarrollo.
- Actitudes positivas y de aceptación hacia las diferencias cualesquiera de tipo cultural, étnico o de desarrollo que caractericen al niño.

---

formadores—*Por formadores se entienden las cualidades de calidez, cariño, cuidado y atención a las necesidades físicas*
recíproco—*Intercambios entre individuos o grupos que son mutuamente beneficiosos (o nocivos).*

Los niños necesitan libertad de explorar.

La necesidad de aprender

- El juego es esencial para el aprendizaje inicial; en la primera infancia se necesitan oportunidades ilimitadas para emprender juegos en todas sus formas, con libertad de explorar y experimentar, teniendo claramente establecidos los límites necesarios y manteniéndolos con constancia.
- Acceso a **experiencias y material de juegos** apropiados al nivel de desarrollo.
- Una concordancia apropiada entre el nivel de habilidad del niño y los materiales y experiencias a su disposición: novedad suficiente para que encuentre un desafío, pero no tanta que se sienta incapaz o demasiado frustrado.
- Los errores y fracasos tratados como pasos importantes en el proceso de aprendizaje, nunca como motivos para condenar o ridiculizar al niño.
- Adultos que den ejemplo en la vida diaria de los comportamientos apropiados que se esperan del niño, ya sea lenguaje, relaciones sociales o modos de manejar el estrés.
- *Recuerde: los padres y cuidadores son modelos importantes de comportamiento para los niños pequeños.* Son también los primeros maestros de un niño; los niños aprenden más de lo que hacen los adultos que de lo que dicen.
- Inclusión en una "comunidad" lingüística activa, especialmente la familia y los cuidadores, en donde el niño aprenda a comunicarse por sonidos, gestos, señales y, a su tiempo, palabras y oraciones (ya sean habladas, señalizadas o escritas).

---

práctica apropiada para el desarrollo (DAP)—Término de uso corriente que se ha popularizado ahora en un manual publicado por la National Association for the Education of Young Children (Asociación Nacional para la Educación de los Niños Pequeños). Véase bibliografia.

**Las nuevas habilidades se elaboran sobre
otras aprendidas previamente.**

La necesidad de respeto y autoestima

- Un ambiente de respeto y apoyo en donde los esfuerzos del niño encuentren aliento, aprobación y sostén: "¿Levantaste tus crayones? ¡Bien hecho! ¿Te los pongo en la repisa?"
- Aceptación de los esfuerzos del niño, respeto por sus logros, grandes o pequeños, y por sus errores igual que por sus éxitos: "¡Mira qué bien! Te ataste los cordones de los zapatos tú solo." (Sin mencionar el ojal que se pasó por alto).
- Reconocimiento de que el logro, la actitud de "soy capaz de hacerlo", es el componente más importante y esencial de la autoestima **de un niño:** "¡Te estás haciendo un experto en cortar galletitas!"
- Atención sincera a lo que el niño está haciendo bien, usando **elogios descriptivos** para ayudarle a reconocer y respetar sus logros: "¡Te pusiste los zapatos al derecho tú solo!"
- Conciencia del tremendo esfuerzo y la concentración que hacen falta para adquirir habilidades de desarrollo, respuestas positivas a cada pequeño paso del niño hacia el dominio de una habilidad compleja como comer con cuchara. "¡Bien! Un poquito de puré de manzana en la cuchara, nada más, para que no se caiga."

---

autoestima—Sentimientos sobre la propia valía.
elogios descriptivos—Palabras o acciones que le describen a un niño específicamente lo que hace correctamente o bien (como en el ejemplo anterior sobre los zapatos).

Aprender a través del juego.

DESARROLLO NORMAL O TÍPICO

Los términos *típico* y *normal*, al referirse al niño en desarrollo, tienden a usarse indistintamente. Implican que un niño está creciendo, cambiando y adquiriendo un gran abanico de habilidades características de la mayoría de los niños de edad similar dentro de la misma cultura. Sin embargo, una afirmación así simplifica excesivamente el concepto. Se deben considerar otros factores. El desarrollo normal o típico implica también:

- Un proceso integrado por el cual los niños cambian de forma ordenada en cuanto a tamaño, estructura **neurológica** y complejidad de comportamiento;
- Un proceso **acumulativo** o de "construcción en bloques", en el cual cada aspecto nuevo de crecimiento o desarrollo incluye los cambios anteriores y construye sobre ellos; cada logro es necesario para la etapa siguiente o el próximo conjunto de habilidades;
- Un proceso continuo de dar y recibir (reciprocidad) entre el niño y su ambiente, con uno influyendo sobre el otro de diversas maneras: el niño de tres años deja caer una taza, la rompe y el padre regaña al niño. Ambos hechos, la rotura de la taza y el disgusto del padre, son cambios ambientales que causó el niño. A partir de esta experiencia, el niño puede aprender a sostener con más firmeza la próxima vez, y eso constituye un cambio de comportamiento —menos tazas rotas, por consiguiente menos disgusto de los adultos.

Muchos otros conceptos claves están relacionados estrechamente con el concepto básico de desarrollo normal. Incluyen:

---

neurológica—*Se refiere al cerebro y al sistema nervioso.*
acumulativo—*Un proceso por adición, poco a poco o paso a paso.*

Hitos del desarrollo

Los hitos del desarrollo son marcadores o puntos importantes de logro en el desarrollo de habilidades motoras, sociales, cognoscitivas y lingüísticas. Aparecen en pasos más o menos ordenados y dentro de límites de edad bastante predecibles. Los comportamientos de hito son los que presentan, más probablemente, los niños de desarrollo más típico a aproximadamente la misma edad. Por ejemplo, casi todos los niños comienzan a sonreír socialmente entre las cuatro y las diez semanas, y a decir las primeras palabras alrededor de los doce meses. Estos logros (sonrisa social, primeras palabras) son sólo dos de una cantidad de indicios significativos de comportamiento que nos dicen si el desarrollo de un niño progresa por la senda adecuada. El que uno o más de estos hitos no se presente dentro de un marco temporal razonable indica la necesidad de observar al niño cuidadosa y sistemáticamente. (Véanse las Llamadas de atención sobre el desarrollo al final del perfil de cada edad).

Maduración

La maduración implica cambios de naturaleza primordialmente biológica: la aparición de nuevas habilidades o comportamientos comunes a los seres humanos. Sentarse, caminar y hablar son ejemplos de maduración. Estas habilidades, sin embargo, no se producen con independencia del ambiente. Aprender a caminar, por ejemplo, implica fuerza muscular y coordinación (influidas por la nutrición adecuada). Aprender a caminar requiere también un ambiente que fomente la práctica, no sólo de la acción de caminar cuando ésta aparezca, sino también de comportamientos y habilidades que la preceden, como rodar, sentarse y gatear.

Secuencias de desarrollo

Una secuencia o patrón de desarrollo consiste en pasos predecibles a lo largo de una senda de desarrollo común a la mayoría de los niños. Los niños deben ser capaces de rodar antes de poder sentarse, y sentarse antes de ponerse de pie. *La consideración crucial es el orden en que los niños adquieren estas habilidades de desarrollo, no su edad en meses y años.* La secuencia apropiada en cada área de desarrollo es un indicio importante de que el niño se mueve firmemente hacia delante por una **continuidad** sana de desarrollo. En el desarrollo del lenguaje, por ejemplo, no importa cuántas palabras hable el niño a los dos años de edad. Lo importante es que el niño haya progresado desde los gorjeos y el balbuceo al farfulleo (**jerga** con inflexiones), hasta la producción de sílabas. El niño de dos o tres años que ha progresado a través de estas etapas, por lo general produce palabras y oraciones dentro de un lapso razonable.

---

continuidad—*Una senda continua, un acontecimiento que sigue a otro anterior.*
jerga—*Lengua ininteligible; en los niños pequeños suele incluir sonidos e inflexiones de la lengua materna.*

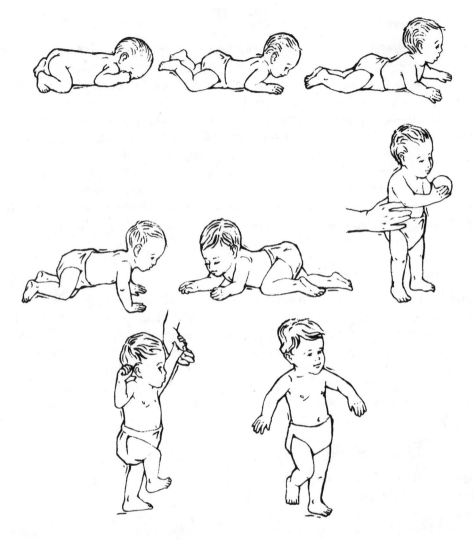

Secuencia de desarrollo motor.

El progreso del desarrollo no suele ser suave ni uniforme. Las irregularidades, como por ejemplo los períodos de **tartamudeo** o el principio de una **racha de comidas,** puede ser característica del desarrollo. La regresión, es decir, dar un paso o dos atrás de vez en cuando, es perfectamente normal: un niño que ha aprendido a controlar sus esfínteres puede comenzar a tener "accidentes" cuando comienza el preescolar o la guardería.

---

tartamudeo—Hablar de forma entrecortada o repetitiva.
racha de comidas—Período en el que sólo se prefieren o aceptan ciertos alimentos.

Expectativas o normas por nivel de edad

Se pueden considerar las expectativas por nivel de edad como niveles **cronológicos,** o relacionados con la edad del desarrollo. Investigadores como Gesell y Piaget realizaron observaciones sistemáticas sobre niños de diversas edades. Los análisis de sus descubrimientos representan la edad típica o promedio a la cual la mayoría de los niños de una cultura dada adquieren las habilidades de desarrollo descritas específicamente. A esta edad promedio se le llama a menudo la norma, por lo que el desarrollo de un niño se puede describir como la norma, por encima de la norma o por debajo de la norma. Por ejemplo, un niño que camina a los ocho meses está por delante de la norma (doce a quince meses), mientras que otro que no camine hasta los veinte meses está por debajo de la norma.

Un punto que se debe destacar: las expectativas por nivel de edad *siempre representan un abanico y nunca un punto exacto en el tiempo* en el que se logren habilidades específicas. Los perfiles de expectativas de edad para habilidades específicas siempre deberían interpretarse como puntos medios aproximados en una gama de meses (como en el ejemplo de caminar, de ocho a veinte meses con un punto medio a los catorce meses). De nuevo, un recordatorio: es la *secuencia* y *no la edad* lo que constituye el factor importante para evaluar el progreso de un niño.

Límites del desarrollo típico o normal

En la vida real, es probable que no exista el niño verdaderamente típico en todos los aspectos. Hay gran variedad en el abanico de habilidades y la edad a las que se adquieren. Esto se cumple incluso entre niños descritos como típicos. Vuelve a ser pertinente el ejemplo de caminar, con un niño que comienza a los ocho meses y otro que no lo hace hasta los veinte. Ambos están dentro de los límites de la normalidad, aunque los separen muchos meses a uno y otro lado de la norma. No hay dos niños que crezcan y se desarrollen exactamente a la misma velocidad, ni que lo hagan exactamente de la misma manera. Hay una media docena de formas perfectamente normales de arrastrarse y gatear. La mayoría de los niños, sin embargo, usan la que denominamos locomoción contralateral, un método de trasladarse usando la rodilla opuesta a la mano, previo al caminar. Además, algunos niños de dos años que caminan con normalidad jamás gatearon, lo que indica una gran variación y amplitud de diferencias entre niños.

Organización y reorganización

Puede verse el desarrollo como una serie de fases. A unos picos de crecimiento y desarrollo rápido suelen suceder períodos de desorganización. Luego el niño parece recuperarse y pasar a un período de reorganización, en el que se "recompone" otra vez. No es raro que los niños muestren problemas de comportamiento e incluso de regresión durante

---

cronología—Acontecimientos o fechas secuenciales en el transcurso del tiempo.

Los problemas de comportamiento y regresión son comunes.

estos períodos. Las razones varían. Tal vez el nuevo bebé se ha convertido en un pequeño activo y conquistador que es ahora el centro de la atención familiar. Es posible que el hermano de tres años regrese a estilos de bebé más o menos al mismo tiempo. Empieza a hacer berrinches por pequeñas frustraciones y puede ser que, temporalmente, pierda el control de la vejiga que tanto le costó conseguir. Por lo general, estos períodos no duran mucho. El niño de tres años, por ejemplo, casi siempre aprenderá formas más apropiadas a su edad de llamar la atención si los adultos le dan el apoyo y la comprensión adecuados.

Interrelación de las áreas de desarrollo

Las discusiones sobre el desarrollo suelen enfocarse en varias áreas principales: física, motora, perceptiva, cognoscitiva, personal y social y lingüística. Sin embargo, ninguna de estas áreas se desarrolla independientemente de las demás. Cada habilidad, ya sea sencilla o compleja, es una mezcla. Las habilidades sociales pueden tomarse como ejemplo. ¿Por qué se dice de algunos niños pequeños que tienen buenas habilidades de sociabilidad? Con frecuencia la respuesta es porque juegan bien con otros niños y se los busca como compañeros de juegos. Para ser el compañero de juegos preferido, un niño debe tener muchas habilidades, todas ellas interrelacionadas e interdependientes. Un niño de cuatro años, por ejemplo, debería poder:

- Correr, saltar, trepar y construir con bloques (buenas habilidades motoras).
- Pedir, explicar y describir lo que sucede (buenas habilidades lingüísticas).

- Reconocer similitudes y diferencias entre materiales de juego y así seleccionar los correctos en un proyecto de construcción en conjunto (buenas habilidades perceptivas).
- Resolver problemas, conceptualizar y planear por anticipado en empresas de juego cooperativo (buenas habilidades cognoscitivas).

Cada área de desarrollo está bien representada en este ejemplo, aunque fuera el desarrollo social el que se considerara primordialmente.

Diferencias individuales

Varios factores, además de los genéticos y biológicos, contribuyen a hacer de cada niño un individuo único, especial, diferente de todos los demás.

Temperamento. Por temperamento se entienden las respuestas de un individuo a las ocurrencias cotidianas. Los niños difieren en su nivel de actividad, viveza, irritabilidad, facilidad para calmarse, inquietud y gusto por las caricias. Estas cualidades a menudo hacen que pongamos etiquetas—el niño "fácil", el "difícil", el "frío". Dichas características (y etiquetas) parecen tener un efecto definido sobre la manera en que la familia, los cuidadores y los maestros responden al niño. Ello, a su vez, refuerza la percepción que el niño tiene de sí mismo. Por ejemplo, un niño que tarda en responder a las caricias puede que despierte pocas muestras de afecto en otros y así perciba esto como un rechazo que, a su vez, hace que le sea aun más difícil actuar de forma cariñosa y sociable.

Modelos de sexo. Desde el comienzo de su vida, los niños aprenden los papeles que se consideran apropiados para cada sexo en su cultura. Cada niño o niña desarrolla un conjunto de comportamientos, actitudes y compromisos que están definidos, directa o indirectamente, como comportamientos aceptables para los sexos masculino o femenino. Además, cada niño representa papeles de uno u otro sexo según las experiencias cotidianas. En otras palabras, el sentido de masculinidad o feminidad de cada niño sufrirá la influencia de compañeros y oportunidades de juego, juguetes, tipo y cantidad de televisión, y especialmente modelos adultos (padres, vecinos, maestros).

Factores ecológicos. Comenzando desde la concepción, la **ecología**—la influencia ambiental de la familia y el hogar, la comunidad y la sociedad—afecta todos los aspectos del desarrollo. A continuación se da una lista de ejemplos ecológicos de poderosos factores familiares y económicos.

- Nivel de ingresos, alimentación y vivienda adecuadas.
- Estado general de salud y nutrición de la embarazada, disponibilidad de cuidados antes y después del parto para madre e hijo.
- Nivel de educación de los padres (el número de años de escolaridad de la madre es un dato muy importante para predecir los logros del niño en la escuela).

---

ecología—*En términos de desarrollo infantil, se refiere a efectos interactivos entre los niños y sus familias, la situación en que se los cuida, la escuela, y todos los aspectos de la comunidad, en su sentido más amplio, que tienen impacto en sus vidas.*

- La comprensión por parte de los padres de sus obligaciones y responsabilidades antes y después del nacimiento del niño.
- Patrones de comunicación y prácticas de crianza (con cariño o castigos, formadora o descuidada), grado de estrés en la familia.
- Estructura familiar—uno o dos padres, familia extendida, hogar no tradicional, hogar adoptivo.

Factores como éstos contribuyen a que cada niño sea distinto de cualquier otro. Por ejemplo, el niño nacido de una madre de quince años, soltera y pobre será diferente del nacido y criado en una familia con ambos padres, de clase trabajadora o familia profesional.

Patrones transaccionales de desarrollo

Desde su nacimiento, el niño comienza a influir en el comportamiento de sus padres y cuidadores. A su vez, los padres y cuidadores influyen en el niño. Así, el desarrollo es un proceso de toma y dame en el que los padres, los cuidadores, los maestros y el niño están interactuando continuamente de maneras que influyen mutuamente en sus comportamientos. Por ejemplo, un bebé cariñoso y tranquilo expresa sus necesidades de forma clara y predecible. Este niño comienza la vida con experiencias personales y sociales muy diferentes a las de un niño tenso, con cólicos, cuyos patrones de sueño y comida son muy irregulares y, por lo tanto, provocan estrés en sus padres. El proceso transaccional entre lactantes y padres será muy diferente en cada caso y así serán los resultados en el desarrollo.

La mayor parte de los niños pequeños van muy bien cuando los adultos responden rápida y positivamente, por lo menos en bastantes ocasiones, a las cosas apropiadas que el niño dice o hace. La investigación indica que los niños desarrollan conceptos de sí mismos más sanos, además de más tempranas y mejores habilidades lingüísticas, cognoscitivas y sociales, cuando los crían adultos que les responden.

DESARROLLO ATÍPICO

El término *atípico* se emplea para describir a niños con diferencias, desviaciones o demoras marcadas en su desarrollo; niños cuyo desarrollo parece estar incompleto o no de acuerdo con los patrones y secuencias típicas. El niño con retraso en el desarrollo se comporta, en una o más áreas de desarrollo, igual que los que tienen una edad mucho menor. El niño que continúa balbuceando, sin emitir palabras reconocibles, más allá de los tres años, es un ejemplo de retraso en el desarrollo. Este trastorno no es necesariamente causa de incapacidad, a menos que el niño nunca desarrolle un **lenguaje funcional.** La desviación de desarrollo se refiere a un aspecto del desarrollo que difiere del que se ve siempre en el

---

lenguaje funcional—*El lenguaje que permite a los niños conseguir lo que necesitan o desean.*

desarrollo típico. El niño nacido con seis dedos en los pies o con una carencia auditiva profunda tiene una desviación de desarrollo. No es probable que el niño de seis dedos quede incapacitado, mientras que el niño sordo puede tener una incapacidad grave y, quizás, de por vida. En todo caso, los conceptos y principios descritos en las páginas anteriores se aplican al niño con diferencias de desarrollo igual que al niño cuyo desarrollo se considera típico. Los principios bosquejados en este capítulo proporcionan los fundamentos para buenos **programas de inclusión** para todos los niños pequeños, cualesquiera sean sus capacidades y antecedentes.

Pruebe sus conocimientos

PREGUNTAS DE REVISIÓN

1. Enumere las cuatro principales teorías del desarrollo y dé una característica que identifique a cada una.

   a.

   b.

   c.

   d.

2. Enumere tres necesidades psicológicas del niño en desarrollo.

   a.

   b.

   c.

3. Enumere tres términos relacionados con la progresión típica del desarrollo.

   a.

   b.

   c.

---

programas de inclusión—*Guardería, escuela e instalaciones recreativas de la comunidad en las que todos los niños, desde los mejor dotados a los incapacitados, participan en las mismas actividades. La inclusión es una ley federal impuesta por el Congreso de los Estados Unidos. Originariamente se la conocía como* integración.

4. Enumere tres formas en que un adulto puede mostrar respeto por los logros de un niño pequeño.

   a.

   b.

   c.

5. Enumere tres factores ecológicos que influyen en el desarrollo temprano.

   a.

   b.

   c.

VERDADERO O FALSO

1. Todo lo que necesita un niño para su desarrollo completo es comida, casa, ropa y atención médica.

2. Los errores, los fallos y los fracasos de un niño pequeño le dan oportunidades de aprender.

3. Cada logro nuevo en el desarrollo de un niño está construido sobre habilidades y experiencias anteriores.

4. El ambiente tiene muy poco efecto sobre el desarrollo a largo plazo del niño.

5. La maduración es de base biológica (en su mayor parte) e incluye elementos tales como aprender a sentarse, gatear y caminar.

6. El niño con un retraso en el desarrollo está incapacitado para toda su vida.

OPCIÓN MÚLTIPLE. *Elija una o más respuestas correctas de las listas siguientes.*

1. Todas las áreas de desarrollo están/son

   a. interrelacionadas.

   b. interdependientes.

   c. influídas por el ambiente.

2. El desarrollo es

   a. un proceso acumulativo, como el proceso de construcción en bloques.

   b. independiente de la estructura neurológica.

   c. física y psicológicamente interactivo.

3. La mayor parte de los niños que se desarrollan normalmente

   a. comienzan a sonreír entre las cuatro y las diez semanas.

   b. no tardan más del año en caminar.

   c. hablan con oraciones a los dos años de edad.

4. Puede verse el desarrollo como una serie de fases que

   a. todos los niños atraviesan a la misma edad.

   b. no presentan regresiones; el niño siempre avanza, nunca retrocede.

   c. sufren la influencia de factores económicos y culturales.

5. Los niños desarrollan conceptos de sí mismos más sanos cuando los adultos les proporcionan

   a. estimulación contingente.

   b. críticas frecuentes y desaprobación de los errores que comete el niño.

   c. alabanzas generosas, sobre todo elogios descriptivos.

CAPÍTULO 2

CRECIMIENTO Y DESARROLLO

CONCEPTOS Y PATRONES BÁSICOS

Cuando observamos un grupo de niños de dos, cinco u ocho años, nos llama la atención ver cuánto se asemejan en tamaño, forma y habilidades. Al mismo tiempo, nos fijamos en lo diferentes que son en esos mismos parámetros. Tanto las similitudes como las diferencias dependen de los patrones de crecimiento y desarrollo, que son exclusivos para cada niño. ¿Qué queremos decir específicamente con este proceso complementario, *crecimiento y*

El crecimiento es un aumento en estatura

desarrollo? A pesar de la tendencia a emplearlos indistintamente, los términos no representan conceptos idénticos.

El *crecimiento* se refiere a cambios físicos específicos y al incremento del tamaño real del niño. El mayor número de células, junto con el aumento de tamaño de las existentes, explican los incrementos observables en la altura de un niño, su peso, la circunferencia de la cabeza, el número del calzado, la longitud de brazos y piernas y la conformación corporal. Todos los cambios de crecimiento se prestan a la medición directa y bastante fiable.

El proceso de crecimiento es continuo a lo largo de la vida. Sin embargo, la tasa de crecimiento varía considerablemente según la edad. Por ejemplo, el crecimiento es rápido durante la lactancia y la adolescencia. En cambio, es más lento y menos dramático en la edad preescolar. A lo largo de la vida, el cuerpo continúa reparando y reemplazando sus células.

El *desarrollo* corresponde a un aumento de la complejidad, un cambio de relativamente sencillo a más complicado y detallado. Incluye una progresión ordenada por una senda continua en la cual el niño adquiere conocimientos, comportamientos y habilidades en un grado mayor de refinamiento. La secuencia es básicamente la misma para todos los niños. Sin embargo, la rapidez del desarrollo puede variar de un niño a otro (véase el capítulo 1).

La rapidez y el nivel del desarrollo de un niño están estrechamente relacionados con la madurez fisiológica, en especial de los sistemas nervioso, muscular y esquelético. También ejercen su influencia en el desarrollo la herencia y factores ambientales que son exclusivos para cada individuo. En conjunto, estos factores explican la amplitud de variaciones en el desarrollo de los niños individualmente.

Crecimiento y desarrollo típicos es un término que indica la **adquisición** de ciertas habilidades y comportamientos según una secuencia y una velocidad predecibles. Como se observó en el capítulo 1, los límites de lo que se considera normal son amplios. La escala incluye variaciones leves y sencillas irregularidades: el niño de tres años que cecea, el de doce meses que aprende a caminar sin haber gateado.

En situación de riesgo es una frase usada para describir a niños en su primera infancia que tienen alta probabilidad de desarrollar problemas físicos, discapacidades de aprendizaje o dificultades de comportamiento. Los ejemplos podrían ser: recién nacidos prematuros y de poco peso al nacer, lactantes cuyas madres sufrieron malnutrición durante el embarazo, lactantes hijos de padres muy jóvenes. La identificación e intervención tempranas son de crucial importancia en los niños en situación de riesgo debido a problemas de desarrollo.

El término *atípico* se emplea para describir el crecimiento o el desarrollo infantil incompleto o distinto de la secuencia normal. El desarrollo anormal en un área puede interferir o no con el desarrollo y el dominio de habilidades en otras áreas. Son muchas las razones de desarrollo atípico, entre ellas errores genéticos, malnutrición, enfermedades, lesiones y falta de oportunidades de aprender.

---

adquisición—*El proceso en que se aprende o se alcanzan objetivos (caminar, contar, leer).*

ÁREAS DE DESARROLLO

Para describir y evaluar correctamente el progreso de los niños, es preciso un armazón de desarrollo. En este texto enfocamos seis áreas principales de desarrollo, o dominios: físico, motor, perceptivo, cognoscitivo, lingüístico y personal y social. Cada área incluye muchas clases de habilidades y comportamientos que se tratarán en los perfiles del desarrollo (unidades 4 a 7) que son el punto central de este libro. Aunque estas áreas de desarrollo, como se observó antes, se han separado con el propósito de comentarlas, en la realidad no es posible separar una de otra. Cada una está íntegramente relacionada con cada una de las demás, y es interdependiente con ella.

Los perfiles de desarrollo o "imágenes con palabras" son útiles para valorar el estado, tanto inmediato como en curso, de las habilidades y el comportamiento del niño. Téngase presente que la rapidez de desarrollo es desigual y ocasionalmente impredecible en las áreas, especialmente durante los dos primeros años de vida. Por ejemplo, las habilidades sociales y de lenguaje de los niños que aprenden a caminar típicamente están menos desarrolladas que su capacidad de desplazamiento. Además, los logros individuales de los niños pueden variar en algunas áreas de desarrollo: un niño puede caminar tarde, pero hablar pronto. De nuevo, un recordatorio importante: el desarrollo en cualquiera de las áreas depende de que los niños tengan la estimulación apropiada y se fomenten adecuadamente sus oportunidades de aprender.

El *desarrollo físico y el crecimiento* son las tareas principales de la primera infancia y la niñez. Es esencial comprender los patrones y secuencias del desarrollo físico para ser padres, maestros y cuidadores eficientes. Un crecimiento y desarrollo saludable, y no la presión de los adultos, hace posibles nuevos aprendizajes y comportamientos. Un niño de siete meses no puede dominar sus excretas; los músculos de los **esfínteres** no están todavía lo bastante desarrollados para ejercer tal control. Tampoco pueden los niños de jardín de infantes, en su mayor parte, atrapar o patear una pelota con destreza—tal coordinación es imposible dada la etapa de desarrollo físico correspondiente a un niño de cinco o seis años— y sin embargo muchos hemos visto a un entrenador de ligas infantiles, o a un padre, hacer llorar a un niño por no poder atrapar o patear.

Gobernado por la herencia y muy influido por las condiciones ambientales, el crecimiento y desarrollo físicos es un proceso altamente individualizado. Es responsable de cambios en la forma y las proporciones del cuerpo, además de la talla general. El crecimiento, especialmente el del cerebro, se produce con mayor rapidez que en ningún otro momento durante el desarrollo prenatal y en el primer año. El crecimiento está intrincadamente relacionado con el progreso en otras áreas de desarrollo. Es responsable de aumentar la fuerza muscular para el movimiento, de la percepción de profundidad para alcanzar objetos y del mejor control muscular que permite dominar la vejiga. El estado de desarrollo físico de un niño sirve como un índice fiable de su salud y bienestar generales. También influye directamente en la determinación de si los niños conseguirán su potencial en cada una de las demás áreas de desarrollo, incluso en los logros intelectuales.

---

esfínter—Los músculos necesarios para lograr el control de los intestinos y la vejiga.

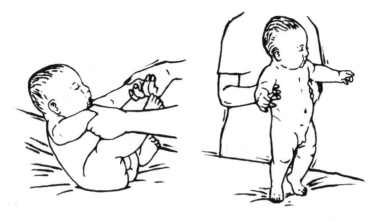

El desarollo cefalocaudal se produce desde la cabeza hasta los pies

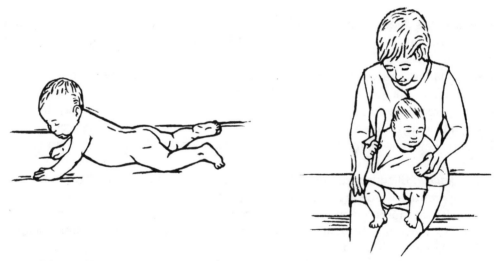

El desarrollo proximodistal se produce desde la parte central del cuerpo hacia fuera.

El *desarrollo motor* se refiere a la habilidad de un niño para desplazarse y controlar diversas partes del cuerpo. Los refinamientos del desarrollo motor dependen de la maduración del cerebro, lo que recibe del sistema sensorial, mayor masa y número de fibras musculares, un sistema nervioso sano y las oportunidades de practicar. Este enfoque holístico del desarrollo motor contrasta marcadamente con la forma en que los primeros psicólogos de desarrollo vieron la aparición de las habilidades motrices. Describieron un proceso puramente de maduración, instrucciones en el código genético de los niños.

Los psicólogos de hoy consideran esa explicación engañosa e incompleta. Sus investigaciones indican que cuando los niños pequeños muestran interés, por ejemplo, en usar una cuchara para comer solos, el fenómeno va siempre acompañado por un endurecimiento de los huesos

**El refinamiento motor significa la motricidad
fina de una habilidad**

de la muñeca y los dedos, mejor coordinación entre vista y manos (para dirigir la cuchara a la boca), motivación (*que le guste* y *quiera* comer lo que hay en el plato) y el deseo de imitar lo que están haciendo otros.

Las habilidades motrices durante las primeras semanas son puramente **reflejas** y desaparecen a medida que el niño desarrolla control **voluntario.** Si estos primeros reflejos no van desapareciendo en los momentos apropiados de la secuencia de desarrollo, eso puede ser indicio de problemas neurológicos (véase el apéndice 1). En tales casos, debería procurarse una evaluación médica. Tres principios gobiernan el desarrollo motor:

1. *Cefalocaudal:* El endurecimiento de los huesos (osificación) y el desarrollo muscular que se produce desde la cabeza hasta los pies. El lactante aprende primero a controlar los músculos que sostienen la cabeza y el cuello, luego el tronco y después los que le permiten alcanzar objetos. Los músculos para caminar se desarrollan en último lugar.

2. *Proximodistal:* Endurecimiento óseo y desarrollo muscular que comienza con un mejor control sobre los músculos más cercanos a la parte central del cuerpo, avanzando gradualmente hacia fuera y alejándose desde el punto medio hacia las extremidades (brazos y piernas). El control de la cabeza y el cuello se consiguen antes de que el niño pueda tomar un objeto con el pulgar y el índice (asimiento de pinza, u oposición del pulgar).

---

reflejos—*Movimientos provenientes de impulsos del sistema nervioso que no pueden ser controlados por el individuo.*
voluntarios—*Movimientos que el individuo puede controlar por su voluntad e intención.*

Acostumbramiento

3. *Refinamiento:* Desarrollo muscular que progresa de lo general a lo específico, tanto en las actividades de **motricidad gruesa** como de **motricidad fina.** En el refinamiento de una habilidad de motricidad gruesa, por ejemplo, un niño de dos años puede intentar lanzar una pelota sin conseguir hacerlo más que a corta distancia o con poco control; el mismo niño, dentro de pocos años, puede lanzar una pelota sobre la base meta con velocidad y puntería. En cuanto a una de motricidad fina, ¡compare los esfuerzos de un pequeño por comer solo, con un niño de ocho años que está motivado (por la razón que sea) a hacer gala de buenos modales en la mesa!

El desarrollo perceptivo se refiere a la utilización, cada vez más compleja, que el niño hace de la información recibida a través de los sentidos: vista, oído, tacto, olfato, gusto y la posición corporal. Por una parte, la percepción atañe a cómo se usa cualquiera de los sentidos o sus combinaciones. La percepción implica también aprender a seleccionar aspectos específicos del medio a los que enfocar. Con otras palabras, ¿qué detalles son importantes? ¿qué diferencias deberían observarse? ¿a cuáles no hay que prestar atención? Estas sencillas preguntas demuestran lo difícil, si no imposible, que es separar los procesos perceptivos de los cognoscitivos; de ahí nuestra decisión de combinar percepción y conocimiento.

---

motricidad gruesa—*Movimientos de músculos largos, como las habilidades locomotoras (caminar, saltar, nadar) y movimientos que no son de locomoción (sentarse, empujar y tirar, ponerse en cuclillas).*
motricidad fina—*También conocida como **habilidades de manipulación,** incluye apilar bloques, abotonarse o correr un cierre y cepillarse los dientes.*

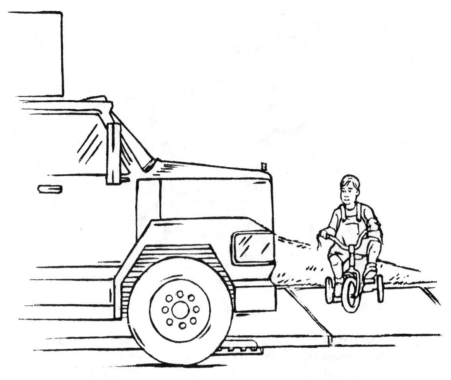

Integración sensorial; ver y oir acercarse a un camión.

Se tratarán tres aspectos del desarrollo perceptivo:

1. *Multimodalidad:* La información se recibe generalmente a través de más de un órgano de los sentidos a la vez; cuando escuchamos a una persona utilizamos la vista (mirando las expresiones faciales y gestos) y los sonidos (escuchando las palabras).

2. *Acostumbramiento:* Es la capacidad de ignorarlo todo menos lo que es más importante en la situación inmediata; el niño que no está pendiente de una conversación telefónica de fondo y enfoca su interés, en cambio, en su libro.

3. *Integración sensorial:* El niño traduce **información sensorial** en comportamiento funcional; el niño de cinco años ve venir un camión y espera en el bordillo de la acera a que pase.

Ya al nacer existen los rudimentos del sistema perceptivo. Por medio de la experiencia, el aprendizaje y la maduración, se transforma en una operación bien coordinada para procesar información compleja (separar formas según tamaño y color) y hacer discriminaciones (oír la diferencia entre sonidos iniciales de palabras que son iguales en lo demás, como pata, gata, lata). El sistema sensorial también permite al individuo responder

---

información sensorial—*Información recibida mediante los órganos de los sentidos: ojos, oídos, nariz, boca, tacto.*

apropiadamente a toda clase de mensajes y señales: sonreír como respuesta a una sonrisa, callar como respuesta a un ceño fruncido.

El *desarrollo cognoscitivo* se relaciona con la expansión de las habilidades intelectuales o mentales del niño. El conocimiento implica reconocer, procesar y organizar información y luego usarla apropiadamente. El proceso cognoscitivo incluye actividades mentales como descubrir, interpretar, separar por categorías, clasificar y recordar información. En niños mayores significa evaluar ideas, hacer juicios, resolver problemas, comprender reglas y conceptos, anticipar y visualizar posibilidades o consecuencias. El desarrollo cognoscitivo es un proceso continuado de interacción entre el niño y los objetos o sucesos del ambiente.

El desarrollo cognoscitivo comienza con los comportamientos reflejos que permiten la supervivencia y el aprendizaje primitivo del recién nacido. Luego viene lo que Piaget ha denominado la etapa de actividad sensoriomotor. Esta etapa dura aproximadamente hasta los dos años de edad. El período sensoriomotor es seguido por un tiempo de actividad preoperacional (otro término de Piaget) que permite a los niños pequeños procesar internamente la información que les llega por sus sentidos. Hay que recalcar otra vez que es difícil, si no imposible, hablar del conocimiento como área separada de desarrollo, sobre todo en los primeros años. Siempre hay superposición con el desarrollo perceptivo y con la implicación motriz. Al ir madurando el niño, aparece una nueva complicación—la superposición con el desarrollo del lenguaje.

Desarrollo del lenguaje. Se suele definir el lenguaje como un sistema de símbolos, hablados, escritos o gestuales (saludar con la mano, fruncir el ceño, encogerse de miedo). Es un sistema que permite a los seres humanos comunicarse unos con otros. El desarrollo normal del lenguaje es regular y secuencial. Depende de la maduración y de las oportunidades de aprendizaje. El primer año de vida se conoce como la fase prelingüística, o prelenguaje. Es un período en el que el niño es totalmente dependiente de los movimientos corporales y de sonidos no lingüísticos, como llorar y reír, para transmitir sus necesidades y sentimientos. A éste sigue la etapa lingüística o de lenguaje, en la que el habla se convierte en la forma principal de comunicación. Se van adquiriendo vocabulario y reglas gramaticales mientras los niños aumentan su habilidad de transmitir sus pensamientos e ideas a través del lenguaje.

La mayoría de los niños parecen comprender una variedad de conceptos y relaciones mucho antes de tener palabras para describirlos. En otras palabras, el niño ha adquirido lenguaje pasivo, una habilidad que precede al lenguaje productivo (la capacidad de emplear palabras para describir y explicar). El desarrollo del lenguaje y el habla está relacionado con el desarrollo general del niño en lo cognoscitivo, social, perceptivo y neuromuscular. El desarrollo del lenguaje depende también del tipo de lengua que oiga el niño en su familia y en la comunidad.

El *desarrollo personal y social* es un área amplia que concierne a cómo se sienten los niños consigo mismos y en su relación con otros. Se refiere a los comportamientos infantiles y a las respuestas a las actividades de trabajo y juego, encariñamiento con padres y cuidadores y relaciones con hermanos y amigos. Los roles de los sexos, la independencia, la moralidad, la confianza, la aceptación de reglas y leyes—son igualmente aspectos básicos del desarrollo personal y social. La familia y sus valores culturales representan también factores que influyen para formar el desarrollo social del niño y determinar buena parte de su personalidad básica.

Al describir el desarrollo personal y social, se debe tener presente, otra vez, que los niños se desarrollan a diferentes velocidades. Las diferencias individuales en cuanto a dotación genética, antecedentes culturales, estado de salud y una cantidad de otros factores ambientales, tales como las experiencias con sus cuidadores, contribuyen a estas variaciones. Por lo tanto, no puede haber dos niños exactamente iguales, ni en desarrollo social ni en ninguna otra área de desarrollo.

DIVISIONES POR EDAD

Las divisiones por edad que se utilizan en este libro son las empleadas por muchos expertos en desarrollo infantil cuando describen cambios significativos dentro de áreas de desarrollo:

Lactante	desde el nacimiento hasta el mes de edad
	1–4 meses
	4–8 meses
	8–12 meses
Niño que aprende a caminar	12–24 meses
	24–36 meses
Preescolar	3–5 años
Escolar	6–8 años

Las divisiones por edad se han de usar con extrema cautela y gran flexibilidad cuando tratamos con niños reales. Se basan en promedios de logros, habilidades y comportamientos de muchos niños en diversas etapas de desarrollo. Como se ha repetido una y otra vez, hay variaciones grandes entre un niño y otro. Es la *apropiada* adquisición secuencial de tareas de desarrollo, *no la edad,* lo que da el índice principal de un desarrollo saludable.

> ## *Pruebe sus conocimientos*

PREGUNTAS DE REVISIÓN

1. Enumere tres factores que influyen en la velocidad de desarrollo de un niño.

    a.

    b.

    c.

2. Enumere tres factores que pueden conducir a un desarrollo atípico.

    a.

    b.

    c.

3. Enumere tres fuentes de información perceptiva.

    a.

    b.

    c.

VERDADERO O FALSO

1. Los términos *crecimiento* y *desarrollo* pueden usarse indistintamente.

2. La velocidad con la que se desarrolla un niño es idéntica en todos los otros niños de igual edad y sexo.

3. Los niños prematuros están con frecuencia en situación de riesgo por problemas en su desarrollo.

4. Una nutrición adecuada de la madre durante el embarazo puede redundar en beneficio del desarrollo del niño después del nacimiento.

5. El crecimiento del cerebro ocurre más rápidamente durante la última parte del período prenatal y el primer año de vida.

6. El desarrollo perceptivo depende de experiencias directas: lo que el lactante ve, oye, huele, prueba y toca.

7. El sistema perceptivo está en su lugar al nacer el niño.

8. El lenguaje pasivo se desarrolla después que el lenguaje productivo.

OPCIÓN MÚLTIPLE *Elija una o más respuestas correctas de las listas siguientes.*

1. El desarrollo es

   a. el cambio de habilidades sencillas a complejas.

   b. un proceso secuencial que es básicamente igual para todos los niños.

   c. variable en términos de velocidad—es decir, algunos niños pueden caminar antes que otros pero hablar más tarde y aun así considerarse normales.

2. El desarrollo motor en las primeras semanas

   a. es casi todo reflejo.

   b. es totalmente voluntario.

   c. se puede acelerar con enseñanzas directas y práctica intensiva.

3. ¿Cuáles de los siguientes términos se asocian predominantemente con el desarrollo motor?

   a. integración sensorial.

   b. proximodistal.

   c. cefalocaudal.

4. ¿Cuáles de los siguientes términos se aplican al desarrollo perceptivo?

   a. integración sensorial.

   b. integración racial.

   c. integración escolar.

5. El desarrollo personal y social sufre la influencia de la

   a. herencia.

   b. salud.

   c. cultura.

6. El crecimiento es

   a. medible.

   b. más rápido en los años preescolares que durante la lactancia.

   c. continuo, de una manera u otra, a lo largo de casi toda la vida.

CAPÍTULO 3

DESARROLLO PRENATAL

Cada uno de los aproximadamente 266 días de desarrollo prenatal (desde la **concepción** hasta el nacimiento) es crucial para producir un recién nacido sano. Los **genes** heredados de la madre y del padre del bebé determinan ciertas características físicas y, quizás, rasgos de comportamiento. Sin embargo, puesto que es la madre quien proporciona todo lo físicamente esencial (y también lo nocivo) para el feto en crecimiento, ella tiene un papel principal en la promoción de su desarrollo sano. La propia salud y estado nutricional de la madre, tanto antes como durante el embarazo, influyen grandemente en el nacimiento de un bebé saludable. Cuando el padre proporciona su apoyo cariñoso a la madre en toda la gestación, el desarrollo de su hijo por nacer puede verse favorecido. Por lo tanto, es importante que cada progenitor potencial comprenda con claridad los patrones del desarrollo prenatal normal, además de las prácticas que facilitan este proceso o lo complican.

EL PROCESO DE DESARROLLO

El período prenatal se divide por lo común en etapas. En la práctica obstétrica, el embarazo se separa en trimestres, cada uno de ellos de tres meses calendarios:

- primer trimestre—de la concepción al final del tercer mes
- segundo trimestre—meses cuarto, quinto y sexto
- tercer trimestre—meses séptimo, octavo y noveno

---

concepción—*La unión de un solo huevo u óvulo de la hembra con un solo espermatozoide del macho.*
genes—*Material genético que lleva códigos, o información, que representan todas las características heredadas.*

También se puede tratar el embarazo en términos de desarrollo fetal. Este enfoque pone de relieve los cambios que ocurren semana a semana, y también abarca tres etapas:

- germinal
- embrionaria
- fetal

La *etapa germinal* abarca los primeros catorce días de la gestación. La unión de un óvulo y un espermatozoide produce un cigoto. Poco después comienza la división celular, formándose gradualmente una masa del tamaño de un alfiler, de células especializadas, llamada blastocito. Alrededor del día catorce, esta pequeña masa se adhiere a la pared del útero materno. La fijación lograda (**implantación**) marca el comienzo del **embrión** y la etapa embrionaria.

La *etapa embrionaria* incluye de la tercera a la octava semana de gestación. Esta etapa es crucial para el desarrollo general del feto. Las continuadas divisiones celulares dan como resultado capas de células especializadas que van formando los principales órganos y sistemas, como el corazón, los pulmones y el cerebro. Muchas de estas estructuras estarán funcionales al acercarse el final de este período. La sangre embrionaria, por ejemplo, comienza a correr por el sistema cardiovascular primitivo del feto (corazón y vasos sanguíneos) entre la cuarta y la quinta semana.

Durante este tiempo están ocurriendo otros cambios importantes. Una vez completa la implantación, empieza a formarse una placenta. Esta sirve para cuatro finalidades principales:

- suministrar nutrientes y hormonas al feto.
- retirar los productos de desecho del feto a lo largo de la gestación.
- filtrar muchas sustancias nocivas, además de virus y otros organismos que causan enfermedades. (Lamentablemente, muchas drogas pueden atravesar el sistema de filtros de la placenta).
- actuar como sistema inmunológico temporal, proporcionando al feto los mismos anticuerpos que produce la madre contra ciertas enfermedades infecciosas.
  (En la mayoría de los casos, el niño queda protegido por unos seis meses después del parto).

Se está desarrollando un cordón umbilical, que contiene dos arterias y una vena, mientras se forma la placenta. Este cordón establece un enlace entre el feto y la madre, afectado por la salud y el estilo de vida de ella. En este punto, el feto es extremadamente vulnerable ante cualquier sustancia química y enfermedad infecciosa que entre en el organismo de la madre. La exposición a estas sustancias puede dañar gravemente los órganos y sistemas principales del feto que se están desarrollando en este momento. Como veremos en una sección posterior, el resultado puede traducirse en defectos irreversibles al nacer, que van de leves a graves.

---

implantación—La unión del blastocito a la pared del útero materno ocurre alrededor del duodécimo día.
embrión—La masa celular desde el momento de la implantación hasta el final de la octava semana de preñez.

La *etapa fetal* comprende de la novena semana de gestación hasta el parto (generalmente en la trigésimo octava semana). La mayoría de los sistemas y estructuras están ya formados y, por tanto, este período final y más largo se dedica al crecimiento y la maduración. Para la duodécima semana, están presentes los párpados, labios, dedos de las manos y de los pies, y se puede determinar el sexo. Alrededor de la décimo sexta semana, la madre comienza a sentir los movimientos del feto. Al llegar la vigésimo octava semana, los sistemas respiratorio, circulatorio y nervioso están lo suficientemente desarrollados para que el niño pueda sobrevivir si nace prematuro. Durante los dos últimos meses las variaciones en el desarrollo son pocas. En cambio, hay aumentos rápidos e importantes de peso y tamaño; un feto de siete meses pesa entre 900 y 1400 gramos, y crecerá aproximadamente 230 gramos por semana hasta el nacimiento. Los sistemas del organismo también están madurando y fortaleciéndose, mejorando las probabilidades de que el feto sobreviva fuera del vientre materno.

PROMOVER EL DESARROLLO ÓPTIMO DEL FETO

Aspectos críticos del desarrollo tienen lugar durante los primeros días de la gestación, incluso antes, muchas veces, de que se haya confirmado el embarazo. Por lo tanto, es importante que tanto la madre como el padre lleven estilos de vida saludables a lo largo de sus años fértiles. La investigación actual proporciona información esencial sobre muchos factores que pueden mejorar las probabilidades de que una madre tenga un bebé saludable, incluyendo:

- atención prenatal profesional
- buena nutrición
- descanso suficiente
- aumento de peso moderado
- ejercicio regular
- estado emocional positivo
- edad y estado general de salud de la madre

Atención prenatal

La atención prenatal con supervisión médica es esencial para asegurar el desarrollo de un bebé sano. Deben tomarse las medidas necesarias para recibir esa atención desde el momento en que la mujer sospecha que está embarazada. En una visita inicial a un profesional de la salud, se puede confirmar (o negar) el embarazo, y es posible evaluar y tratar todo tipo de problemas médicos que pudiera tener la madre. También se proporcionará asesoramiento sobre prácticas que influyen en el desarrollo fetal. Por ejemplo, se animará a las madres a que participen en un programa regular de ejercicios que no incluyan contacto. (Mientras no haya complicaciones, el ejercicio regular puede mejorar el control del peso, la circulación, el tono muscular y la eliminación, y se cree que contribuye a un parto más fácil).

**La buena nutrición es esencial
durante la gestación**

Nutrición

El estado nutricional de la madre, determinado por lo que come antes y durante la gestación, tiene un efecto significativo sobre su propia salud y la del feto que se está desarrollando. La buena nutrición materna disminuye el riesgo de tener un bebé de poco peso al nacer o prematuro, dos situaciones que suelen asociarse con problemas graves de desarrollo. La gestación aumenta los requerimientos de calorías (energía), proteínas, líquidos, y ciertas vitaminas y minerales, como folacina, vitaminas C y D, hierro y calcio en la dieta de la mujer. Aunque por general se recetan suplementos vitamínicos, no deben considerarse como sustituto de una dieta nutritiva. Es preciso proporcionar las calorías y nutrientes esenciales, antes de que el organismo pueda aprovechar complementa las vitaminas en tabletas.

Peso

¿Cuál es el aumento de peso óptimo durante la gestación? Esta pregunta se ha debatido durante décadas. Hoy en día, la mayor parte de los médicos están de acuerdo en que una mujer debe aumentar entre 10 y 11,5 kilos en los nueve meses. Los incrementos que estén considerablemente por debajo o por encima de estos límites pueden aumentar los riesgos durante el embarazo y el parto, tanto para la madre como para el niño. Seguir una dieta nutricionalmente adecuada ayuda a asegurar un aumento de peso óptimo. Si se consumen demasiadas calorías "vacías", como las de la "comida chatarra", golosinas y alcohol, con frecuencia se engorda demasiado. Eso también priva a la madre y al feto de nutrientes cruciales que se encuentran en una dieta bien equilibrada.

Descanso y estrés

La gestación a menudo aumenta la fatiga y el estrés en el organismo de la madre. Unas horas más de sueño y períodos ocasionales de descanso pueden mitigar estos problemas. El embarazo también puede inducir estrés emocional o aumentarlo. El estrés prolongado o excesivo puede tener efectos negativos sobre el feto, reduciendo el ritmo respiratorio, los latidos del corazón y el nivel de actividad. Aunque tal vez no sea posible que la mujer embarazada evite totalmente el estrés, el desgaste y la fatiga, los efectos nocivos se pueden disminuir con descanso, nutrición y ejercicios apropiados.

Edad y estado general de salud

La edad de una mujer en el momento de la concepción es un factor importante en el desarrollo fetal. Numerosos estudios llegan a la conclusión de que la edad óptima para la maternidad es de los veinte hasta poco más de los treinta años. La tasa de mortalidad y de discapacidad de desarrollo entre bebés nacidos de madres adolescentes es casi el doble de la de los nacidos de mujeres entre los veinte y los treinta años. La inmadurez del sistema reproductor de una adolescente también aumenta el riesgo de dar a luz bebés prematuros o de poco peso. Además, las madres adolescentes suelen carecer de acceso a la atención prenatal, nutrición adecuada y vivienda, y también tienen una educación limitada, sobre todo en cómo cuidar de un hijo.

El embarazo en mujeres mayores (más de treinta y cinco años) presenta otros motivos de preocupación. El material genético contenido en los óvulos se deteriora gradualmente con la edad de la mujer, incrementando así la probabilidad de ciertos defectos congénitos, como el síndrome de Down. Nuevos estudios sugieren también que la calidad del esperma masculino puede disminuir con la edad y la exposición a peligros ambientales, aumentando así el riesgo de que haya cromosomas dañados que puedan causar defectos congénitos. Las mujeres mayores también tienden a experimentar una mayor incidencia de problemas médicos durante la gestación. Sin embargo, más conciencia de la buena nutrición y el ejercicio, junto con la supervisión médica, pueden mejorar las probabilidades de que una madre tenga un bebé saludable.

Más conocimientos y una tecnología sofisticada contribuyen también a la reducción del riesgo fetal para madres de todas las edades. Una mejor asesoría genética, el examen por ultrasonidos (**sonograma**), **CVS, amniocentesis,** y nuevas pruebas de sangre permiten al

---

sonograma—Imagen visual del feto en desarrollo, creada dirigiendo ondas sónicas de alta frecuencia (ultrasonido) al útero materno; utilizado para determinar la edad del feto y la existencia de anormalidades físicas. CVS—Siglas de la denominación en inglés del muestreo del epitelio capilar coriónico; un procedimiento de exploración genética en el cual se inserta una aguja y se extraen células de la capa exterior de la placenta; se realiza entre la octava y la duodécima semana para detectar algunos trastornos genéticos, como el síndrome de Down. amniocentesis—Procedimiento de exploración genética en el cual se inserta una aguja por el abdomen de la madre hasta el saco de líquido que rodea el feto para detectar algunas anormalidades, como el síndrome de Down o la espina bífida, que suele realizarse entre la duodécima y la décimosexta semana.

personal médico seguir muy de cerca el desarrollo fetal y detectar problemas específicos precozmente. Estos procedimientos son especialmente útiles para muchas de las mujeres de hoy que eligen demorar la maternidad hasta edades comprendidas entre los treinta y cinco y los cuarenta y cinco años.

Aunque los riesgos del embarazo son indudablemente más para mujeres mayores y adolescentes, los problemas con frecuencia tienen tanto que ver con la falta de conocimientos y la pobreza como con la edad. (Son excepciones las anormalidades cromosómicas como el síndrome de Down). Un gran número de problemas fetales, independientemente de la edad de la madre, se relacionan estrechamente con la falta de atención médica, mala nutrición, vivienda inadecuada y educación escasa, todos asociados muy de cerca con la pobreza.

AMENAZAS AL DESARROLLO FETAL ÓPTIMO

Aunque es mucho lo que se sabe sobre cómo tener un bebé saludable, también es mucha la información sobre las sustancias y prácticas maternas que reducen las probabilidades de éxito. Los factores que tienen un efecto negativo sobre el feto en desarrollo se denominan **teratogénicos.** Algunos son especialmente dañinos durante las primeras semanas de la gestación. En estos períodos sensibles o cruciales es cuando se están formando rápidamente diversas estructuras fetales y sistemas importantes de órganos que, así, están más vulnerables ante cualquier sustancia nociva. La longitud de estos períodos cruciales varía: por ejemplo, el corazón—tercera a sexta semana, el paladar—sexta a octava semana. Los teratogénicos que se han identificado por medio de una investigación extensiva incluyen:

- consumo de alcohol
- madre fumadora
- drogas adictivas (por ejemplo cocaína, heroína, anfetaminas)
- sustancias o compuestos químicos peligrosos (como el mercurio, plomo, monóxido de carbono, PCB), radiación
- algunos medicamentos, entre ellos los tranquilizantes, hormonas, antihistamínicos
- infecciones maternas (por ejemplo la rubéola, sífilis, herpes, citomegalovirus, SIDA, toxoplasmosis).

Los investigadores están estudiando también varias cuestiones controvertidas para determinar si están ligadas con defectos congénitos. Algunas de éstas incluyen:

- exposición prolongada a temperaturas altas
  (duchas calientes, saunas, baños calientes)
- pesticidas e insecticidas
- fumadores pasivos
- algunos medicamentos vendidos sin necesidad de receta

---

teratogénicos—Agentes nocivos que pueden causar daños al feto en el período prenatal.

- campos electromagnéticos, como los creados por almohadillas o mantas eléctricas
- cafeína.

Como muchas sustancias pueden atravesar la barrera placentaria, y efectivamente lo hacen, las mujeres que estén incluso contemplando un embarazo deberían evitar todo contacto innecesario con teratogénicos conocidos. Como ya se observó, los órganos y sistemas corporales del feto son especialmente vulnerables a tales agentes durante las primeras semanas después de la concepción. Esto no implica que exista alguna vez un período del todo "seguro". Hasta en los últimos meses se puede ver gravemente afectado el crecimiento fetal por exposición materna a sustancias, o su uso, que se mencionan aquí y en las secciones siguientes.

Alcohol

Que la madre consuma alcohol durante la gestación puede tener consecuencias graves para el feto en desarrollo. Un resultado puede ser lo que ahora se diagnostica como síndrome alcohólico fetal (FAS) o efecto alcohólico fetal (FAE). Los niños con FAS muestran diversas anormalidades, incluso interrupción del crecimiento, retraso mental, irregularidades faciales, defectos en el corazón y problemas de comportamiento y aprendizaje. La incidencia de mortalidad fetal es también mayor. No se ha determinado cuánto alcohol hace falta para producir daños en el feto, una cantidad de sólo treinta gramos por día, o menos (que antes se consideraba "segura") puede afectar al bebé por nacer. Por lo tanto, es prudente, probablemente, limitar el consumo de alcohol durante los años fértiles y evitarlo completamente durante la gestación.

Tabaco

Se han relacionado malformaciones fetales y complicaciones en el parto con que la madre fume. El humo del cigarrillo contiene sustancias, como la nicotina y el monóxido de carbono, que atraviesan la barrera placentaria y dificultan el desarrollo fetal normal. El monóxido de carbono, por ejemplo, reduce la cantidad de oxígeno que llega al feto; esta privación temprana de oxígeno parece correlacionarse con problemas de aprendizaje y comportamiento, sobre todo cuando los niños expuestos alcanzan la edad escolar. Además, los bebés de madres fumadoras tienden a dar un peso al nacer inferior al promedio; también tienen mayor probabilidad de ser abortados, prematuros, de nacer muertos o de morir poco después del parto.

Compuestos químicos y drogas

Se sabe que también numerosas drogas y productos químicos tienen efectos adversos sobre el feto en desarrollo; estas sustancias van desde medicinas que se recetan, a plaguicidas y drogas "de la calle". Algunos causan malformaciones graves, como carencia o deformación de miembros o de rasgos faciales. Otros conducen a la muerte del feto (aborto espontáneo), nacimiento prematuro, o discapacidades de aprendizaje o comportamiento durante la niñez y la juventud. No todos los fetos expuestos se verán afectados de igual manera o en el mismo grado. La naturaleza y la gravedad de las anormalidades de un recién nacido parecen estar influidas por la oportunidad de la exposición durante el desarrollo fetal, además de por la cantidad y el tipo de la sustancia. La investigación no da aún una respuesta definitiva sobre qué drogas y compuestos químicos (si hay alguno) no tienen absolutamente ningún efecto nocivo sobre el feto en desarrollo; por lo tanto, las mujeres que están o puedan quedar embarazadas deberían ser cautelosas en extremo sobre el uso de cualquier sustancia química o medicación, salvo bajo supervisión médica. También deberían evitar la exposición a los riesgos ambientales ya comentados, en particular durante las primeras etapas de la gestación.

Infecciones maternas

Aunque la placenta filtra eficazmente muchos organismos infecciosos, no puede impedir que todos los agentes causales de enfermedades lleguen al niño por nacer. Algunos de estos agentes se sabe que causan anormalidades fetales. El tipo de anormalidad depende de la enfermedad de la madre y de la etapa de la gestación en la que ocurre la infección. Por ejemplo, una mujer embarazada que contrae la rubéola durante las primeras cuatro a ocho semanas después de la concepción tiene un gran riesgo de dar a luz a un niño con problemas cardíacos, sordo, ciego o ambas cosas (un ejemplo de la extrema vulnerabilidad del feto durante sus primeras semanas).

Nota: Se puede controlar la rubéola si las mujeres que no poseen inmunidad natural reciben vacunas después o no menos de tres a cuatro meses antes de la gestación.

Por fortuna, sólo un porcentaje pequeño de bebés expuestos a agentes infecciosos experimentarán anormalidades. Todavía se desconoce por qué sólo algunos bebés resultan afectados. Lo que es razonablemente cierto es que las embarazadas bien nutridas, que reciben buena atención prenatal y están en general sanas y libres de sustancias adictivas y otros excesos, tienen buenas probabilidades de dar a luz a un bebé saludable y fuerte.

> ## *Pruebe sus conocimientos*

PREGUNTAS DE REVISIÓN

1. Identifique tres prácticas que mejoran las probabilidades de que una madre tenga un bebé saludable:

   a.

   b.

   c.

2. Enumere tres factores que parecen ser peligrosos para el desarrollo fetal:

    a.

    b.

    c.

3. Identifique una característica del desarrollo fetal que ocurra durante cada etapa:

    a.

    b.

    c.

VERDADERO O FALSO

1. El estado de salud del padre no tiene efecto sobre el niño por nacer.

2. Cuanto más joven sea la madre, más sano será el bebé.

3. La etapa embrionaria es la más crucial en términos de desarrollo fetal.

4. Un cigoto es el resultado de la unión de un óvulo y un espermatozoide.

5. La gestación aumenta los requerimientos de la madre en cuanto a calcio, hierro, folacina y vitaminas C y D.

6. La placenta es eficaz para proteger al feto de todas las sustancias nocivas.

7. Que la madre fume puede ser causa de un escaso peso al nacer.

8. Las mujeres embarazadas deberían evitar el ejercicio porque puede ocasionarles un aborto.

OPCIÓN MÚLTIPLE   *Elija una o más respuestas correctas de las listas siguientes:*

1. Las mujeres de más de treinta y cinco años

    a. con frecuencia tienen más dificultad para quedar embarazadas.

    b. son mejores madres porque son más maduras.

    c. corren mayores riesgos de tener un hijo con defectos de desarrollo.

2. Los teratogénicos son

    a. más dañinos para el feto en las primeras semanas de gestación.

    b. sustancias que dificultan el desarrollo normal del feto.

    c. los productos de la división celular temprana.

3. Durante la gestación, la pobreza aumenta generalmente los riesgos para la madre y el feto porque

   a. no se suele disponer de atención prenatal.

   b. puede faltar una dieta nutricionalmente adecuada.

   c. el abuso de ciertas sustancias es común.

4. Se pueden detectar precozmente anormalidades fetales por

   a. amniocentesis.

   b. rayos X.

   c. sonogramas.

5. Las madres que fuman durante el embarazo tienen más probabilidades de dar a luz niños que

   a. tengan alergias.

   b. nazcan prematuros y tengan un peso inferior al promedio al nacer.

   c. experimenten problemas de comportamiento y aprendizaje.

CAPÍTULO 4

EL LACTANTE

RECIÉN NACIDO (DESDE EL NACIMIENTO HASTA UN MES)

El recién nacido sano es de verdad sorprendente. A los pocos momentos de nacer comienza a adaptarse a un mundo exterior que es radicalmente distinto del experimentado **in utero.** Todos los sistemas del cuerpo existen ya y están dispuestos para funcionar al nacer. El organismo del recién nacido asume de inmediato la responsabilidad de respirar, comer, eliminar y regular la temperatura corporal. Sin embargo, estos sistemas son aún inmaduros; el recién nacido depende por completo de sus padres y cuidadores para sobrevivir.

El desarrollo motor (movimiento) es a la vez de reflejos y protector. No hay control voluntario del cuerpo durante las primeras semanas. Aunque los bebés recién nacidos duermen casi todo el tiempo, no carecen de conciencia. Son sensibles al ambiente y tienen métodos singulares de responder a él. El llanto es el medio primordial de comunicar necesidades y emociones. Las capacidades perceptivas y cognoscitivas ya existen, pero son primitivas e imposibles de diferenciar.

PERFILES DE DESARROLLO Y PATRONES DE CRECIMIENTO

Características físicas y crecimiento

Las características físicas del recién nacido se distinguen de manera singular con relación al lactante algo mayor. La piel está arrugada. En los primeros días se secará y es probable que se despelleje en algunas zonas. El color de piel de todos los bebés es relativamente claro, pero gradualmente se oscurecerá hasta el tono característico de sus antecedentes genéticos. La cabeza puede que presente una forma extraña como resultado del proceso del parto, pero en el curso de la primera semana tomará su forma normal. El color y la cantidad de pelo varían.

---

in utero—El período en que el feto se desarrolla en el útero materno.

Circunferencia de la cabeza.

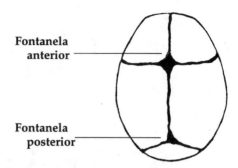

Fontanela
anterior

Fontanela
posterior

Fontanelas.

- El peso promedio al nacer es entre 3 y 4,1 kg, las niñas pesan aproximadamente 3,2 kg, los niños 3,4 kg.
- Del 5 al 7 por ciento del peso al nacer se pierde en los días inmediatamente posteriores.
- El promedio de aumento está entre 140 y 170 gramos por semana durante el primer mes.
- El promedio de longitud al nacer va de 46 a 53 cm.
- Las respiraciones son aproximadamente 50 por minuto, pudiendo ser algo irregular el ritmo y la rapidez.
- El pecho se ve pequeño y cilíndrico, casi del mismo tamaño que la cabeza.
- La temperatura normal del cuerpo varía entre 35,6°C y 37,2°C.
- La regulación de la temperatura corporal es irregular durante las primeras semanas debido a la inmadurez de los sistemas del organismo y la fina capa de grasa debajo de la piel.
- La piel es sensible, especialmente en las manos y la boca.
- La cabeza es grande con respecto al cuerpo; representa casi un cuarto de la longitud total.
- La circunferencia craneana mide en promedio de 32 a 37 cm al nacer.
- Los "huesos blandos" (**fontanelas**) están ubicados en la parte superior (anterior) y posterior de la cabeza.
- La lengua parece grande en proporción con la boca.
- Llora sin lágrimas.
- Los ojos son extremadamente sensibles a la luz.
- Ve contornos y formas; es incapaz de enfocar objetos distantes.

Desarrollo motor

Las capacidades motrices del recién nacido son movimientos puramente reflejos y su finalidad primordial es la protección y la supervivencia. Durante el primer mes, el lactante

---

fontanelas—*Pequeñas aberturas entre los huesos del cráneo del niño, cubiertas con tejido blando. Con el tiempo se cierran.*

adquiere algo de control sobre varios de estos primeros reflejos . Poco a poco, muchos de estos reflejos desaparecen al ir madurando el sistema nervioso central del lactante y comenzando a hacerse cargo del comportamiento intencional. Durante el primer mes, el lactante:

- Emprende actividades motrices de tipo primordialmente reflejo:
    - —Desde el nacimiento se encuentran presentes los reflejos de deglución, succión, vómito, bostezo, parpadeo y eliminación.
    - —El reflejo de localización se despierta rozando la sensible piel de la mejilla y la zona bucal; el lactante se vuelve hacia la mejilla que le acarician.
    - —El reflejo de Moro (sobresalto) se dispara con un ruido fuerte o un toque súbito, un golpe contra la cuna, o el descenso rápido de la posición del niño (como si se cayera); ambos brazos se abren y separan y enseguida se cruzan sobre el pecho.
    - —El reflejo de asimiento ocurre cuando el lactante curva sus dedos con fuerza alrededor de un objeto que se le coloca en la mano.
    - —Por el reflejo de paso el lactante mueve los pies hacia arriba y hacia abajo en movimientos como si caminara, cuando se lo sostiene derecho, con los pies tocando una superficie firme.
    - —El reflejo tónico del cuello (TNR) ocurre cuando el lactante, en posición supina (boca arriba), extiende el brazo y la pierna del lado hacia el que tiene vuelta la cabeza; el brazo y la pierna contrarios están flexionados (contra el cuerpo); a esto se le llama a veces "posición de esgrima".
    - —El reflejo plantar consiste en curvar los dedos del pie cuando se presiona la planta.

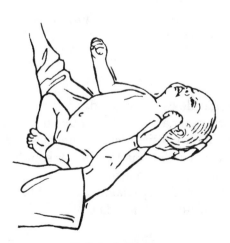

Reflejo de Moro.

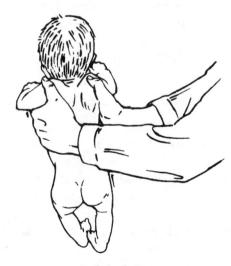

Reflejo de Paso.

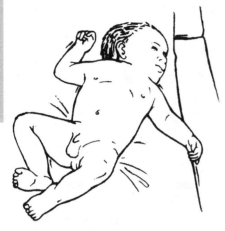

Suspensión prona.

Reflejo tónico del cuello (TNR).

- Mantiene la posición "fetal" (la espalda flexionada o redondeada, las extremidades apretadas contra el cuerpo, las rodillas hacia arriba), especialmente al dormir.
- Conserva los puños cerrados, no intenta alcanzar objetos.
- Cuando se lo tiene en posición prona (con la cara hacia abajo), la cabeza del bebé cae por debajo de la línea horizontal del cuerpo, con las caderas flexionadas y los brazos y piernas colgando.
- Tiene buen tono muscular en la parte superior del cuerpo cuando se lo sostiene bajo los brazos.
- Gira la cabeza de un lado al otro cuando se lo pone en posición prona.
- Las **pupilas** se dilatan (agrandan) y contraen (achican) como respuesta a la luz.
- Los ojos no siempre funcionan en conjunto y a veces parecen bizcos.
- Intenta seguir con la vista objetos que están fuera de la línea directa de visión; es incapaz de coordinar los movimientos de la mano y la vista.

Desarrollo cognoscitivo y de la percepción

Las capacidades perceptivas y cognoscitivas del recién nacido están destinadas a capturar y mantener la atención de los padres y cuidadores y a empezar a conocer el ambiente. El oído es la más desarrollada. Los recién nacidos pueden oír y responder a diferencias entre ciertos sonidos y responden muy especialmente a la voz de la madre. Ciertos sonidos y movimientos, como los de arrullar, mecer y hacer tintinear, parecen actuar como relajantes. Los recién nacidos también responden al tacto, siendo especialmente sensible la piel de alrededor de la boca y de las manos. Tienen visión, aunque limitada.

---

pupilas—La parte oscura y central de los ojos.

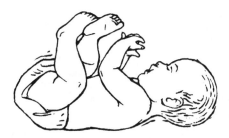

Estudia sus propias manos.

El recién nacido puede enfocar ambos ojos, ver objetos de cerca y seguir los que se mueven lentamente. Desde los primeros días de vida, absorben información por medio de todos sus sentidos, aprendiendo de lo que ven, oyen, tocan, saborean y huelen.

Los comportamientos cognoscitivos del recién nacido pueden caracterizarse, así, como puramente reflejos. Toman la forma de succiones, respuestas de sobresalto, muecas, sacudidas violentas de brazos y piernas y movimientos sin control de los ojos, todos los cuales se sobreponen con respuestas de percepción. Durante el primer mes, el lactante:

- Parpadea como respuesta a un objeto que se aproxima rápidamente.
- Sigue a un objeto que se mueve lentamente en un arco completo de 180 grados.
- Sigue a objetos que se mueven verticalmente, si están cerca de su cara (25-40 cm).
- Continúa mirando a su alrededor, aunque esté a oscuras.
- Empieza a estudiar su propia mano cuando está en la posición TNR.
- Tiene oído al nacer y más agudo que la visión. Los lactantes oyen tan bien como los adultos, exceptuando los sonidos de menor volumen.
- Prefiere escuchar la voz de su madre antes que la de un extraño.
- A menudo sincroniza los movimientos del cuerpo con patrones del habla de los padres o cuidadores.
- Distingue algunos sabores; muestra preferencia por líquidos dulces.
- El sentido del olfato existe al nacer; el niño aparta la cara de los olores fuertes, desagradables.

Habla y lenguaje

Es posible identificar los comienzos del desarrollo del habla y el lenguaje en varios de los reflejos del recién nacido. Incluyen la acción de morder y soltar que ocurre cuando se frotan sus encías, el reflejo de localización y el de succión. Además, el bebé se comunica directa e indirectamente de muchas otras maneras.

- El llanto y la expresión de molestia son formas importantes de comunicación en esta etapa.
- Reaccionando a los ruidos fuertes parpadeando, moviéndose, interrumpiendo un movimiento, moviendo los ojos y dando una respuesta de sobresalto.

- Mostrando preferencia por ciertos sonidos, como la música o la voz humana, calmándose o quedándose callado.
- Volviendo la cabeza como respuesta a la voz a uno u otro lado.
- Emitiendo sonidos ocasionales distintos del llanto.

Desarrollo personal y social

Los recién nacidos poseen una variedad de capacidades sociales innatas. Indican necesidades y molestias y responden a las reacciones de padres o cuidadores. El lactante se desarrolla bien con sentimientos de seguridad y pronto muestra su encariñamiento con los cuidadores principales. El recién nacido:

- Experimenta un período corto de estado de atención inmediatamente después del nacimiento.
- Duerme de diecisiete a diecinueve horas por día; gradualmente va permaneciendo despierto y atento durante períodos más largos.
- Le gusta que lo alcen y mimen cuando está despierto.
- Muestra cualidades de individualidad; cada lactante es diferente en su forma de responder o no a situaciones similares.
- Comienza a establecer una conexión emocional o un **vínculo** en su relación con padres y cuidadores.
- Empieza a desarrollar un sentido de seguridad o confianza con padres y cuidadores; las respuestas de los distintos individuos varían. Por ejemplo, un lactante puede ponerse tenso con un cuidador que se sienta incómodo con él.

RUTINAS DIARIAS - DESDE EL NACIMIENTO HASTA UN MES

Comidas

- Hace de seis a diez tomas, por un total de aproximadamente 660 ml cada veinticuatro horas al comienzo de este período; más adelante, el número de tomas disminuirá a cinco o seis, al ir aumentando la cantidad consumida.
- Toma entre 60 y 120 gramos de leche materna o preparada por vez; tarda de veinticinco a treinta minutos para completar una toma; puede ser que se duerma hacia el final.
- Llora para expresar su necesidad de alimento.
- Debe dársele de comer en posición erguida, para reducir la probabilidad de que se atragante o tenga infección de oídos.

continuación

vínculo—El establecimiento de una relación estrecha de cariño entre un lactante y un adulto, por lo común la madre y el padre; a veces se le llama encariñamiento.

Ir al sanitario, bañarse, vestirse

- Señala llorando la necesidad de que le cambien los pañales (si no deja de llorar cuando se le haya cambiado el pañal, debería buscarse la causa).
- Le agrada que lo bañen; mantiene los ojos abiertos y da otros indicios de placer cuando se lo mete en el agua tibia.
- Expresa desagrado cuando le pasan la ropa por la cabeza (es mejor evitar este tipo de prendas).
- Le gusta que lo envuelvan con firmeza (arropado) en una manta; el arropado parece darle sensaciones de seguridad y comodidad.
- Mueve el vientre de una a cuatro veces por día.

Descanso

- Después de los primeros días, los periodos de sueño son entre cuatro y seis cada veinticuatro horas; uno de ellos puede durar entre cinco y siete horas.
- al bebé sobre la espalda o el costado (apoyado) sobre un colchón firme para dormir.
- Puede que llore antes de quedarse dormido (por lo común se calma si se lo alza y mece un momento).

Actividades de juego y sociales

- Le gusta la luz y lo brillante; puede parecer molesto si se lo vuelve en contra de la luz.
- Mira fijamente las caras que tenga a poca distancia (25 a 30 cm).
- Señala la necesidad de estimulación social llorando; se calma cuando lo alzan o lo ponen en una silla infantil cerca de las voces y el movimiento.
- Está conforme de espaldas mucho tiempo.
- Antes de que lo alcen, necesita que se lo adviertan tocándolo y hablándole.
- Le gusta que lo acaricien y tengan en brazos; sin embargo, puede ponerse molesto por exceso de estimulación.
- Le agrada la posición "en face" (cara a cara).

ACTIVIDADES DE APRENDIZAJE

Consejos a los padres y cuidadores:

- Responda con atención fiable y tierna al llanto del bebé, de modo que éste aprenda que siempre dispondrá de ayuda (los lactantes siempre lloran por algún motivo; el llanto señala una necesidad).

- Establezca contacto visual cuando el bebé esté atento; haga muecas o saque la lengua, actividades que los bebés suelen imitar (la imitación es un camino importante para el aprendizaje).
- Háblele o cántele al bebé, con voz normal, mientras le da de comer, cambia los pañales o lo baña; varíe el tono y el ritmo del habla.
- Reconozca la disposición del bebé para responder y muestre su agrado por ella. (Las respuestas mutuas y el aceptar turnos sociales son las bases de todo el proceso de enseñanza-aprendizaje en los meses y años que vienen).
- Muestre al bebé ilustraciones sencillas (los recién nacidos tienden a preferir dibujos simples de caras); mueva suavemente un juguete o animal de felpa a entre 25 y 40 cm de la cara del bebé para incitarle a que lo siga con la vista; cuelgue juguetes o móviles dentro de su campo visual (cámbielos con frecuencia,—la novedad aumenta la fascinación).
- Esté atento a las señales del bebé; demasiada estimulación puede ser tan molesta como demasiado poca.

LLAMADAS DE ATENCIÓN

Consulte a un técnico de salud o a un pediatra si, al mes de edad, el lactante *no:*

- Presenta respuestas de alarma o sobresalto ante un ruido fuerte.
- Chupa y traga con facilidad.
- Muestra incrementos de altura, peso y circunferencia craneana.
- Agarra con la misma fuerza con las dos manos.
- Establece contacto visual cuando está despierto y alzado.
- Se tranquiliza enseguida que lo alzan.
- Gira la cabeza de un lado al otro cuando se lo coloca sobre el estómago.
- Expresa necesidades y emociones con llantos y patrones de vocalizaciones distinguibles uno de otro.
- Deja de llorar cuando se lo alza y mantiene en brazos.

UNO A CUATRO MESES

Durante estos primeros meses siguen desplegándose las maravillas de la infancia. El crecimiento avanza a buen ritmo. Los sistemas del organismo están bastante bien estabilizados; se van haciendo más regulares la temperatura, los patrones de respiración y el ritmo cardíaco. Mejora la capacidad motriz al aumentar la fuerza y el control voluntario de los músculos. Los períodos de vigilia más largos favorecen el desarrollo personal y social del lactante. Las respuestas sociales comienzan a aparecer mientras los lactantes practican y disfrutan el uso de los ojos para explorar el ambiente. Al desarrollarse la conciencia social, el lactante establece gradualmente un sentido de confianza y conexión emocional con padres y cuidadores. Aunque el llanto sigue siendo una forma primordial de comunicarse y lograr la atención de los adultos, van emergiendo capacidades de comunicación más complejas. Los lactantes comienzan a encontrar gran placer en imitar los sonidos del habla y los gestos de otros. El aprendizaje es continuo a lo largo de las horas de vigilia del lactante, pues utiliza sus capacidades recién adquiridas para explorar y recoger información sobre un ambiente nuevo y todavía no familiar. Sin embargo, es importante observar otra vez que el desarrollo perceptivo, cognoscitivo y motor están estrechamente interrelacionados y es casi imposible diferenciarlos en estos primeros meses.

PERFILES DE DESARROLLO Y PATRONES DE CRECIMIENTO

Características físicas y crecimiento

- La longitud media está entre 50 y 68 cm; crece aproximadamente 2,5 cm por mes (midiendo al lactante echado de espaldas, desde la coronilla hasta la base del talón, con las rodillas derechas y el pie flexionado).
- Pesa, en promedio, entre 3,5 y 7,5 kg.
- El aumento de peso es de aproximadamente 110 a 220 gramos por semana.
- El ritmo respiratorio es de unas treinta a cuarenta respiraciones por minuto; aumenta significativamente durante períodos de llanto o actividad.
- La temperatura normal del cuerpo va de 35,7 a 37,5°C.
- La circunferencia del pecho y la de la cabeza son casi iguales.
- La circunferencia craneana aumenta aproximadamente 2 cm por mes hasta los dos meses, de ahí en adelante, 1,6 cm por mes hasta los cuatro meses. Los aumentos son un importante indicio del continuado crecimiento del cerebro.
- Continúa usando los músculos abdominales al respirar.
- La fontanela posterior se cierra para el segundo mes.
- La fontanela anterior se cierra hasta aproximadamente 1,3 cm.
- La piel permanece sensible y se irrita con facilidad.
- Los brazos y las piernas son de igual longitud, tamaño y forma; se flexionan y extienden fácilmente.
- Las piernas pueden parecer algo arqueadas.
- Los pies se ven planos, sin arco.
- Llora con lágrimas.
- Los ojos comienzan a moverse juntos coordinadamente (visión binocular).
- Tiene visión de los colores.

Reflejo de Landau.   **Se incorpora sobre los brazos.**

Desarrollo motor

- Los comportamientos motores reflejos están cambiando:
    - —Desaparece el reflejo tónico del cuello y el de paso.
    - —Los reflejos de localización y succión están bien desarrollados.
    - —El reflejo de deglución y los movimientos de la lengua son aún inmaduros; sigue babeando y es incapaz de trasladar la comida al fondo de la boca.
    - —Desaparece gradualmente el reflejo de asimiento.
    - —El reflejo de Landau aparece cerca de la mitad de este período; cuando se sostiene al bebé en posición prona (boca abajo), la cabeza se mantiene erguida y las piernas del todo extendidas.
- Agarra con toda la mano; la fuerza no alcanza para sostener objetos.
- Mantiene las manos abiertas o semiabiertas.
- El tono y el desarrollo muscular son iguales en varones y niñas.
- Mejoran la fuerza y el control de los músculos; los primeros movimientos son amplios y con sacudidas; poco a poco se van suavizando y adquiriendo intención.
- Levanta la cabeza y el torso apoyándose en los brazos cuando está en posición prona.
- Gira la cabeza de lado a lado cuando está en posición supina (boca arriba); cerca del final de este período, es capaz de mantener la cabeza alta y en línea con el cuerpo.
- Las partes superiores del cuerpo tienen más actividad; da palmadas frente a su cara, agita los brazos, trata de alcanzar objetos.

Juega activamente con las manos.

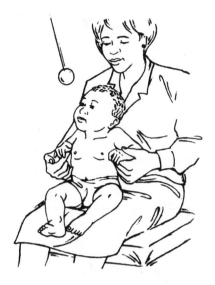

**Sigue con la mirada un objeto que se mueve
vertical y horizontalmente.**

- Al principio, los lactantes ruedan para ponerse de espaldas moviendo la cabeza hacia un costado y dejando que el tronco la siga. Cerca del final de este período, el lactante puede cambiar de posición, de espaldas, de costado o boca arriba, a voluntad.
- Se le puede ayudar a sentarse, aunque al principio la cabeza caiga hacia atrás y la espalda se arquee. Más adelante, se lo puede sentar con un mínimo de sostén de la cabeza. A los cuatro meses, la mayor parte de los lactantes pueden sentarse con apoyo, manteniendo la cabeza firme y la espalda bastante erguida; les gusta sentarse en una silla para bebés o que lo sienten en la falda.

Desarrollo cognoscitivo y de la percepción

- Fija la atención en un objeto que se mueve mantenido a 30 cm de distancia; mejora el seguimiento visual de objetos en un recorrido de 180 grados, vertical y horizontalmente.
- Continúa con la vista fija en la dirección de objetos que ya han desaparecido.
- Evidencia algún sentido de reconocimiento de tamaño, color y forma de objetos en su ambiente inmediato—por ejemplo, reconoce su propio biberón aunque esté al revés y presente una forma diferente.
- No busca el biberón que se cae de la cuna o un juguete escondido bajo una manta; si no lo ve, no le interesa.
- Se observa las manos con atención.

Enfoca los objetos y trata de alcanzarlos.

- Lleva la mirada de un objeto a otro.
- Enfoca un objeto pequeño y trata de alcanzarlo; con frecuencia sigue los movimientos de su propia mano.
- Mira alternativamente a un objeto, a una mano o las dos, y luego al objeto otra vez.
- Imita los gestos que se le ofrecen como modelo: adiós, palmadita en la cabeza.
- Golpea el objeto que esté más cerca de la mano derecha o la izquierda, con cierto grado de exactitud.
- Vuelve la mirada en dirección a una fuente de sonido (localización de sonido).
- Conecta el sonido y los ritmos con el movimiento, moviendo o sacudiendo cosas al compás de la música, las canciones o los recitados rítmicos.
- Es capaz de distinguir la cara del padre o la madre de la de un extraño cuando dispone de otros indicios, como la voz, el tacto o el olfato.
- Intenta que un juguete siga moviéndose, repitiendo los movimientos de brazos o piernas que lo hicieron moverse en primer lugar.
- Comienza a llevarse cosas a la boca.

Desarrollo del habla y el lenguaje

- Inicialmente, el lactante reacciona (deja de quejarse, se sobresalta) ante los sonidos, como la voz, el sonajero o el timbre. Más tarde, buscará el origen del sonido girando la cabeza y moviendo los ojos.
- Coordina vocalizaciones, la mirada y movimientos corporales en intercambios cara a cara con los padres o cuidadores; puede seguir la comunicación y llevar la iniciativa para mantenerla.
- Balbucea o arrulla cuando se le habla o se le sonríe.

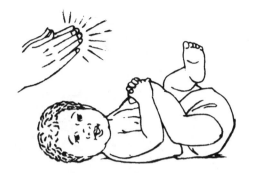

Se vuelve hacia el sonido.

- Arrulla con vocales simples (*a, e, u*); también imita sus propios sonidos y los sonidos vocálicos producidos por otros.
- Se ríe en voz alta.

Desarrollo personal y social

- Puede imitar, mantener, terminar y evitar las interacciones—por ejemplo, se vuelve hacia una persona o situación, o le da la espalda.
- Reacciona de manera diferente a las variaciones de las voces de adultos; por ejemplo, es probable que frunza el ceño o exprese ansiedad si las voces son fuertes, enojadas o desconocidas.
- Le gusta que lo tengan en brazos y mimen en otros momentos, aparte de las comidas y la hora de dormir.

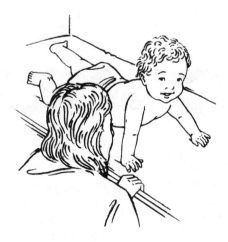

Responde con sonrisa social.

Reconoce las rutinas habituales y disfruta con ellas.

- Emite arrullos, gorjeos y chillidos cuando está despierto.
- Sonríe como respuesta a una voz o rostro familiar; se cree que las sonrisas durante el sueño son reflejas.
- Es capaz de entretenerse solo jugando con los dedos de manos y pies o con las manos.
- Disfruta con las rutinas conocidas, como que lo bañen o le cambien los pañales.
- Se deleita con juegos que incluyan cosquillas suaves, risas y movimientos.
- Pasa mucho menos tiempo llorando.
- Reconoce objetos y caras familiares, como el padre o el biberón, y trata de alcanzarlos; reacciona agitando los brazos y chillando de excitación.
- Deja de llorar cuando se acercan los padres o cuidadores.

RUTINAS DIARIAS—UNO A CUATRO MESES

Comidas

- Hace cinco a seis tomas de 150 a 180 gramos por día.
- Se pone molesto antes de la hora a que espera comer; no siempre llora como señal de que necesita alimento.
- Requiere un mínimo de ayuda para meterse el pezón en la boca; comienza a colaborar usando sus manos para guiarlo.

continuación

- Chupa enérgicamente; se atraganta ocasionalmente por su vigor y entusiasmo en la succión.
- Se impacienta si se le sigue ofreciendo el biberón o el pecho una vez que está satisfecho.
- No está preparado para ingerir alimentos sólidos.

Ir al sanitario, bañarse, vestirse

- Por lo general disfruta con el baño; patalea, ríe y salpica.
- Mueve el vientre una o dos veces por día; con frecuencia se salta un día.
- Comienza a establecerse una hora o un patrón regular para los movimientos de intestinos.

Descanso

- A menudo se queda dormido para la noche después de la última comida de la tarde.
- Empieza a dormir toda la noche; muchos bebés no duermen más de seis horas seguidas durante varios meses más.
- El promedio es de catorce a diecisiete horas de sueño por día; con frecuencia se mantiene despierto durante dos o tres períodos durante el día.
- Es probable que empiece a chuparse el pulgar durante este período.
- Empieza a entretenerse solo antes de dormirse: "habla", juega con las manos, mueve la cuna.

Actividades de juego y sociales

- Pasa los períodos de vigilia en actividad física: patea, vuelve la cabeza de un lado a otro, junta las manos, agarra objetos.
- Se pone "charlatán"; vocaliza con gusto.
- Le agrada que le hablen y le canten; puede llorar cuando termina la interacción social.
- Parece feliz cuando está despierto y solo (durante períodos cortos).

ACTIVIDADES DE APRENDIZAJE

Consejos a los padres y cuidadores:

- Imite las vocalizaciones y expresiones faciales del bebé (gruñir, chasquear, bostezar, bizquear, fruncir el ceño). Cuando el bebé empiece a sonreír, devuelva la sonrisa y comente a veces: "Estás sonriendo. ¡Linda sonrisa!"

- Cántele canciones y léale de revistas, libros, lo que a usted le interese; lo que importa es el sonido de su voz y su proximidad.
- Juegue una versión simplificada del cucú (póngase un trapo delante de la cara, bájelo y diga *cucú*); repita si el bebé se muestra interesado.
- Estire y flexione suavemente los brazos y piernas del bebé mientras inventa un canto que acompañe; después, comience una actividad de "pedaleo" suave.
- Toque la mano del bebé con un juguete pequeño* (los sonajeros blandos u otras cosas que hagan ruido son especialmente buenos); anime al bebé a que agarre el juguete.
- Camine con el bebé, tocando y nombrando objetos. Párese con él frente al espejo, tocando y nombrando rasgos faciales; "La boca del nene, la boca de papá. El ojo del nene, el ojo de mamá".
- Fije un espejo irrompible a la cuna o a una pared cercana, para que el bebé pueda verse y hablar consigo mismo.
- Sujete (*firmemente*) unos cascabeles en los escarpines; le ayuda a localizar sonidos y aprender, al mismo tiempo, que tiene poder y puede hacer que sucedan cosas con sólo moverse.

Los juguetes y otros objetos que se den a un lactante no deben ser más pequeños que el puño del bebé, para impedir que los trague o se atragante con ellos.

LLAMADAS DE ATENCIÓN

Consulte a un técnico de salud o a un pediatra si, a los cuatro meses de edad, el lactante *no:*

- Continúa mostrando un incremento sostenido de altura, peso y circunferencia craneana.
- Sonríe como respuesta a las sonrisas de otros (la sonrisa social es un hito significativo de desarrollo).
- Sigue con la vista un objeto que se mueve, enfocando los dos ojos juntos.
- Junta las manos sobre el centro del pecho.
- Vuelve la cabeza para localizar sonidos.
- Comienza a erguir la cabeza y el torso cuando está echado sobre el estómago.
- Trata de alcanzar objetos o personas conocidas.

CUATRO A OCHO MESES

Entre los cuatro y los ocho meses, los lactantes están desarrollando un gran abanico de capacidades y mayor habilidad para usar su cuerpo. Parecen estar ocupados en cada momento de vigilia. Manipulan y se llevan a la boca los juguetes y otros objetos que tengan a mano. "Hablan" todo el tiempo, produciendo sonidos vocálicos y consonánticos cada vez más variados y complejos. Inician relaciones sociales y responden a toda clase de señales, como expresiones faciales, gestos, y las idas y venidas de todos los de su mundo. Los lactantes de esta edad son a la vez sociables e independientes. Pasan con facilidad de una actividad espontánea, autoiniciada, a actividades sociales iniciadas por otros.

PERFILES DE DESARROLLO Y PATRONES DE CRECIMIENTO

Características físicas y crecimiento

- Engorda aproximadamente 2,2 kg por mes.
- Duplica su peso original al nacer.
- Aumenta aproximadamente 1,3 cm de longitud por mes; la longitud promedio es de 70 a 74 cm.
- Las circunferencias de la cabeza y del pecho son casi iguales.
- La circunferencia craneana aumenta aproximadamente 1 cm por mes hasta los 6 a 7 meses, y luego 0,5 cm por mes; la circunferencia craneana debería seguir aumentando de manera sostenida, como indicio del crecimiento saludable y continuado del cerebro.
- La respiración es abdominal, con entre veinticinco y treinta respiraciones por minuto; dependiendo de la actividad; la frecuencia y los patrones varían de un lactante a otro.
- Empiezan a salir los dientes, siendo los primeros los incisivos superiores e inferiores. Las encías se pueden poner rojas e inflamadas, lo que va acompañado de un aumento del babeo, y de que el lactante chupe, muerda y se lleve a la boca objetos.

Se mete objetos en la boca y los chupa.

Reflejo de paracaídas.

- Es posible que las piernas se vean arqueadas; esto desaparecerá poco a poco al crecer.
- Se establece el verdadero color de los ojos.

Desarrollo motor

- Los comportamientos reflejos están cambiando:

  —El reflejo de parpadeo está bien establecido.
  —El reflejo de succión se transforma en voluntario.
  —Desaparece el reflejo de Moro.
  —Aparece el reflejo de paracaídas hacia el final de esta etapa (cuando se lo sostiene en posición prona, horizontal, y se lo baja de pronto, el lactante extiende los brazos hacia fuera como medida de protección).
  —Aparece el reflejo de deglución (una forma más compleja de tragar que implica mover la lengua contra el cielo de la boca); permite que el lactante lleve alimentos sólidos desde la parte delantera hasta el fondo de la boca para tragarlos.

- Utiliza el índice y el pulgar (asimiento de pinza) para agarrar objetos.
- Trata de alcanzar objetos con los dos brazos a la vez; después lo hace con una u otra mano.
- Pasa objetos de una mano a otra; agarra objetos con toda la mano (asimiento palmar).
- Maneja, sacude y golpea objetos; se lleva todo a la boca.
- Sostiene su biberón.

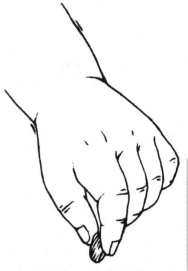

Pasa objetos de una mano a otra.

Asimiento de pinza.

- Se sienta solo sin apoyo, manteniendo la cabeza erguida, la espalda recta y los brazos hacia delante como sostén.
- Se levanta hasta la posición de gateo alzándose sobre los brazos y llevando las rodillas abajo del cuerpo; se mece hacia atrás y adelante, pero por lo general no avanza.
- Levanta la cabeza cuando se lo coloca de espaldas.
- Se da la vuelta, de espaldas a boca arriba y viceversa.
- Puede comenzar, accidentalmente, a desplazarse hacia atrás cuando se lo coloca sobre el estómago; pronto empezará a gatear hacia adelante.
- Le encanta que lo pongan de pie, sobre todo en la falda de alguien; salta en su lugar.

Asimiento palmar.

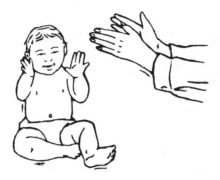

Juega a las "tortitas".

Desarrollo cognoscitivo y de la percepción

- Se vuelve y ubica voces y sonidos familiares: este comportamiento puede utilizarse para comprobar informalmente la audición del lactante.
- Enfoca la vista en objetos pequeños y trata de alcanzarlos.
- Utiliza las manos, la boca y los ojos, coordinadamente, para explorar su cuerpo, juguetes y alrededores.
- Imita acciones, como hacer "tortitas", decir adiós con la mano y jugar al cucú.
- Muestra temor a caer de lugares altos, como el cambiador, las escaleras; la **percepción de profundidad** es claramente evidente.
- Mira por el costado de la cuna o la silla alta buscando objetos caídos; disfruta arrojando objetos repetidamente para que el cuidador los recupere.

Estudia objetos con la vista y las manos.

Reconoce objetos familiares aunque estén invertidos.

---

percepción de profundidad—*Capacidad de determinar la distancia relativa entre los objetos y el observador.*

- Busca juguetes o comida que se ha escondido completamente bajo un trapo o detrás de un biombo; comienza a entender que los objetos siguen existiendo aunque ya no se vean. (Piaget se refiere a esto como "**permanencia del objeto**").
- Maneja y explora objetos de maneras distintas; visualmente, dándoles la vuelta, tocando todas las superficies, golpeando y sacudiéndolos.
- Recoge objetos invertidos (en otras palabras, reconoce una taza aunque esté colocada de forma diferente).
- Es incapaz de ocuparse de más de un juguete a la vez; puede no hacer caso del segundo juguete o dejar caer el que tiene en una mano para enfocar la visión en el nuevo.
- Alcanza con cualquiera de las manos.
- Juega activamente con juguetes pequeños, como un sonajero o un bloquecito.
- Juega golpeando un objeto contra otro; golpea la mesa con la cuchara.
- Sigue llevándose todo a la boca.
- Establece una relación completa de cariño con la madre o un solo cuidador, que coincide con su creciente comprensión de la permanencia del objeto.

Desarrollo del habla y el lenguaje

- Responde adecuadamente a su propio nombre y a pedidos simples, como "come", "di adiós".

Responde cuando lo llaman por su nombre.

---

permanencia del objeto—*la etapa sensoriomotor de Piaget, cuando los lactantes comprenden que un objeto existe aun cuando no esté a la vista.*

Se gira para observar a las personas y actividades

- Imita algunos sonidos no lingüísticos, como la tos, chasquidos con la lengua o los labios.
- Produce todas las vocales y algunas consonantes: *m, p, t, n* y *b.*
- Responde a variaciones en el tono de voz de otros—enojo, ganas de jugar, tristeza.
- Expresa emociones, como placer, satisfacción y enojo, emitiendo sonidos diferentes.
- "Habla" con los juguetes.
- Balbucea repitiendo la misma sílaba en serie: *ba, ba, ba.*
- Reacciona de forma diferente a los ruidos, como la aspiradora, el teléfono, el ladrido del perro; puede llorar, gimotear o mirar al padre o cuidador buscando seguridad.

Todavía es amigable con los extraños.

Desarrollo personal y social

- Disfruta observando lo que lo rodea; mira continuamente a la gente y sus actividades.
- Va desarrollando conciencia de sí mismo como individuo separado de los demás.
- Se hace más abierto y sociable de carácter: sonríe, arrulla, tiende los brazos.
- Puede ver la diferencia entre extraños, cuidadores, padres y hermanos, y responder de manera distinta.
- Responde de forma diferente y apropiada a las expresiones faciales; ceño fruncido, sonrisas.
- Imita expresiones faciales, acciones y sonidos.
- Todavía es amigable con los extraños al comienzo de esta etapa; después, se muestra remiso a que se le acerquen desconocidos, o a quedarse con ellos; presenta "**ansiedad ante los extraños.**"
- Le gusta que lo alcen y mimen; indica el deseo de que lo aúpen, extendiendo los brazos.
- Establece una relación de confianza con padres y cuidadores si sus necesidades físicas y emocionales se satisfacen de manera sostenida; a los seis meses, comienza a mostrar preferencia por la persona que lo cuida principalmente.
- Se ríe alto.
- Se molesta si le retiran un juguete u otro objeto.
- Busca atención empleando movimientos corporales, verbalizaciones o ambas cosas.

4–8 MESES

RUTINAS DIARIAS — CUATRO A OCHO MESES

Comidas

- Acomoda las horas de comida al horario de la familia; por lo común hace tres o cuatro comidas diarias, cada una de 180 a 240 gramos, dependiendo del horario de sueño.
- Muestra interés en las comidas; trata de alcanzar la taza y la cuchara mientras le dan de comer.
- Es capaz de esperar media hora o más después de despertarse y antes de la primera comida de la mañana.
- Tiene menos necesidad de chupar.

continuación

ansiedad ante los extraños—*Inquietud o miedo que se muestra cuando se acercan personas desconocidas.*

- Empieza a aceptar cantidades pequeñas de alimentos sólidos, como cereales y verduras, cuando se los ponen bien atrás sobre la lengua (si se ponen en la punta, el lactante lo rechazará).
- Cierra la boca apretadamente o vuelve la cabeza cuando está satisfecho.

Ir al sanitario, bañarse, vestirse

- Le gusta verse libre de ropa.
- Salpica enérgicamente con ambas manos y a veces con los pies a la hora del baño.
- Mueve las manos continuamente; nada que esté a su alcance está libre de verse derramado, metido en la boca o arrojado al suelo.
- Quita los calcetines; juega con los cordones, botones y cierres velcro de la ropa.
- Como regla general, evacua el intestino una vez por día.
- Orina frecuente y abundantemente; la tendencia en las niñas es en intervalos más largos entre micciones.

Descanso

- Se despierta entre las 6 y las 8 DE LA MAÑANA; suele quedarse dormido poco después de la última comida de la tarde.
- Ya no se despierta para una comida nocturna.
- Duerme de once a trece horas durante la noche.
- Duerme dos o tres siestas por día (sin embargo, hay gran variabilidad entre los lactantes).

Actividades de juego y sociales

- Le gusta dormir de espaldas; arquea la espalda, patea, estira las piernas hacia arriba, se agarra los pies y se los lleva a la boca.
- Se mira las manos con interés y gusto; puede chillar o quedárselos mirando intencionadamente.
- Le gusta jugar con juguetes blandos, estrujables, y sonajeros; se los pone en la boca, los muerde y trata de masticarlos.
- "Habla" alegremente consigo mismo: gorjea, gruñe, da chillidos agudos.

ACTIVIDADES DE APRENDIZAJE

Consejos a los padres y cuidadores:

- Amplíe gradualmente actividades anteriores: imite los sonidos, expresiones faciales y movimientos corporales del bebé; nombre partes del cuerpo; mírense juntos al espejo y hagan muecas; lea, hable y cántele a lo largo del día.
- Utilice el nombre del bebé durante toda clase de actividades, para que se familiarice con él: "*Carlos* está sonriendo," "Los ojos de *Carmela* están bien abiertos".
- Proporcione juguetes, sonajeros y objetos de la casa que hagan ruido cuando el bebé los agite o sacuda (un juego de cucharas de medir o de llaves de plástico, saleros, juguetes que suenan al apretarlos; recuerde la "*Regla del puño*" pág. 52).
- Sujete un ejercitador atravesado sobre la cuna; un bebé pequeño es capaz de manotear objetos y llegar a conectar (ambas actividades son esenciales para aprender la coordinación entre vista y manos). Los ejercitadores domésticos para cuna, hechos de elementos de menaje que no presenten peligro son igualmente eficaces.
- Juegue y muévase al ritmo de la música de radio o cinta, con el bebé; varíe el compás y el movimiento: meneo suave, baile, vueltas, baile frente al espejo, describiéndole los movimientos.
- Dedique mucho tiempo al baño. Esta actividad proporciona una oportunidad importante para aprender en todas las áreas de desarrollo, además de disfrutar con el aprendizaje, de manera general.
- Juegue a *Este cerdito, Dónde está* (la nariz, el ojo, la mano…) del bebé y otros juegos sencillos inventados en el momento, como turnarse para sacudir sonajeros y frotar suavemente las frentes.

LLAMADAS DE ATENCIÓN

Consulte a un técnico de salud o a un pediatra si, a los ocho meses, el lactante *no:*

- Muestra un aumento regular y sostenido de altura, peso y circunferencia craneana (demasiado lento o demasiado rápido son motivos de preocupación).
- Explora sus propias manos y los objetos que se le ponen en la mano.

4–8 MESES

- Sostiene y sacude un sonajero.
- Sonríe, balbucea y se ríe alto.
- Busca objetos escondidos.
- Utiliza el asimiento de pinza para tomar objetos.
- Le interesa participar en juegos, como hacer "tortitas" o "cucú".
- Parece interesado en sonidos nuevos o no habituales.
- Trata de alcanzar y agarra objetos.
- Se sienta solo.
- Empieza a comer algunos alimentos sólidos.

OCHO A DOCE MESES

Entre los ocho meses y el año de edad, el lactante se va preparando para dos acontecimientos importantes en su desarrollo—caminar y hablar. Estos hitos comienzan, por lo general, alrededor de su primer cumpleaños. El niño es cada vez más capaz de manipular objetos pequeños, y pasa mucho tiempo practicando, tomando y soltando juguetes o cualquier cosa que tenga a mano. A esta edad los lactantes se van haciendo extremadamente sociables. Encuentran maneras de ser el centro de atención y de conquistar la aprobación y el aplauso de familia y amigos. Cuando llega el aplauso, el niño se suma con deleite. La capacidad de imitar mejora y sirve para dos propósitos: ampliar las relaciones sociales y ayudar al niño a aprender nuevas capacidades y comportamientos en los meses de desarrollo rápido que se avecinan.

PERFILES DE DESARROLLO Y PATRONES DE CRECIMIENTO

Características físicas y crecimiento

- El aumento en altura es más lento que durante los meses anteriores, con un promedio de 1,3 cm por mes. Los lactantes alcanzan aproximadamente 1-1/2 de su longitud nacer para cuando cumplen el año.
- El peso se incrementa a razón de aproximadamente medio kilo por mes, pero el peso al nacer casi se triplica al año de edad.
- La respiración varía con la actividad: generalmente, de veinte a veinticinco respiraciones por minuto.
- La temperatura del cuerpo va de 35,7°C a 37,5 °C; las condiciones ambientales, el tiempo, la actividad y la ropa todavía afectan las variaciones de temperatura.
- La circunferencia de la cabeza y del pecho sigue igual.
- Continúa usando los músculos abdominales para respirar.
- Empieza a cerrarse la fontanela anterior.

Se sienta solo, tirando de algo.

- Nacen aproximadamente cuatro incisivos superiores y cuatro inferiores y dos molares inferiores.
- Los brazos y las manos están más desarrollados que los pies y las piernas (desarrollo cefalocaudal); las manos se ven grandes en proporción con otras partes del cuerpo.
- Las piernas pueden verse arqueadas todavía.
- Los pies parecen planos, pues el arco aún no está desarrollado del todo.
- La agudeza visual es de alrededor de 20/100.
- Los dos ojos funcionan al unísono (verdadera coordinación binocular).
- Puede ver objetos distantes (a distancia de 5 a 7 metros) y los señala.

Desarrollo motor

- Tiende a usar una mano cuando trata de alcanzar y agarrar un objeto o juguete que se le ofrece.
- Manipula objetos, pasándolos de una mano a la otra.
- Explora los objetos nuevos con un dedo.
- Usa deliberadamente el asimiento de pinza para tomar objetos pequeños, juguetes y trozos de comida.
- Apila objetos; también coloca uno dentro de otro.
- Suelta los objetos o juguetes dejándolos caer o arrojándolos; no puede depositar algo intencionadamente.
- Empieza a ponerse de pie levantándose con ayuda de algo.
- Comienza a estar de pie solo, apoyándose en muebles; rodea los obstáculos con pasos de lado.

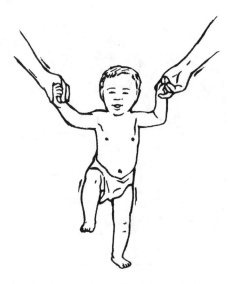

Camina con la ayuda de un adulto.

- Tiene buen equilibrio cuando está sentado; puede cambiar de posición sin caerse.
- Gatea sobre las manos y las rodillas; repta para subir o bajar escalones.
- Camina con ayuda de un adulto, sosteniéndose de la mano; tal vez empieza a caminar solo.

Desarrollo cognoscitivo y de la percepción

- Observa a la gente, objetos y actividades en su entorno inmediato.

Sigue llevándose todo a la boca.

- Demuestra conciencia de objetos distantes (5 a 7 metros) señalándolos.
- Responde a las pruebas de audición (localización de la voz); sin embargo, pierde interés rápido y, por lo tanto, puede ser difícil realizar una prueba informal.
- Sigue instrucciones sencillas.
- Trata de llegar a juguetes que están fuera de su alcance pero visibles.
- Todavía se lleva todo a la boca.
- Continúa dejando caer el primer objeto cuando se le ofrecen otros.
- Reconoce la inversión de un objeto: una taza boca abajo sigue siendo una taza.
- Imita actividades: hacer chocar dos bloques, jugar a las "tortitas".
- Deja caer los juguetes intencionada y repetidamente; mira en dirección al objeto caído.
- Muestra comprensión del uso apropiado de los objetos cotidianos: finge beber de una taza, se pone un collar, abraza a una muñeca, hace "caminar" a un animal de felpa.
- Muestra cierto sentido de relaciones espaciales: pone un bloque en la taza y lo saca cuando se le pide que lo haga.
- Comienza a mostrar comprensión de la causalidad—por ejemplo, le da un juguete mecánico al adulto para que le dé cuerda.
- Evidencia algo de conciencia de las relaciones de funcionamiento de los objetos; se mete la cuchara en la boca, usa el cepillo para alisarse el pelo, vuelve las páginas de un libro.
- Al final de este período, busca un juguete parcialmente oculto.

8–12 MESES

Entiende el uso de los objetos cotidianos.

Se resiste a separarse de los padres.

Desarrollo del habla y el lenguaje

- Balbucea o "parlotea" deliberadamente para iniciar una relación social; puede gritar para atraer la atención; escucha y luego vuelve a gritar.
- Mueve la cabeza para decir "no" y tal vez también para decir "sí".
- Responde buscando la voz cuando se lo llama por su nombre.
- Balbucea en secuencias tipo frase; seguidas más tarde por jerga (sílabas y sonidos con inflexiones similares a un lenguaje).
- Dice adiós con la mano; da palmadas cuando se lo piden.
- Dice "pa-pa" y "ma-ma".
- Imita sonidos similares a los que ya ha aprendido a emitir; también imita ruidos de motor, chasquidos de lengua o de labios, toses.
- Le gustan las rimas y canciones sencillas; vocaliza y baila al compás de la música.
- Entrega un juguete u objeto a un adulto cuando los gestos apropiados acompañan el pedido.

Desarrollo personal y social

- Exhibe un decidido temor a los extraños; se cuelga del padre o cuidador, o se esconde detrás de él ("ansiedad ante los extraños"); con frecuencia se resiste a separarse de un adulto familiar ("ansiedad por separación").
- Quiere que el padre o cuidador esté siempre al alcance de su vista.
- Sociable y abierto; le gusta estar cerca de los miembros de la familia y cuidadores, y que lo incluyan en sus actividades diarias.
- Disfruta con experiencias novedosas y oportunidades de examinar objetos nuevos.

8–12 MESES

RUTINAS DIARIAS—OCHO A DOCE MESES

Comidas

- Come tres veces por día aparte de los tentempiés de media mañana o media tarde, como jugo y galletas.
- Empieza a rechazar el biberón (si no lo ha hecho ya).
- Tiene buen apetito.
- Le gusta beber de una taza; sostiene la suya; incluso echa la cabeza hacia atrás para beber la última gota.
- Empieza a comer porciones para tomar con los dedos; es probable que saque comida de la boca, la mire y la vuelva a meter.

continuación

- Desarrolla gustos y desagrados con respecto a los alimentos.
- Está continuamente activo; las manos del lactante están tan ocupadas que necesita un juguete en cada mano para evitar que vuelque la taza o el plato o que agarre y arroje la comida.

Ir al sanitario, bañarse, vestirse

- Disfruta la hora del baño; juega con la toallita, el jabón y juguetes para el baño.
- Le encanta dejar escurrir agua de la esponja o la toallita.
- Muestra mucho interés en quitarse gorras, zapatos y calcetines.
- Se pone molesto cuando necesita un cambio de pañales; puede quitarse el pañal sucio o mojado.
- Colabora hasta cierto punto para vestirse; ayuda a meter el brazo por la manga, incluso puede estirar las piernas para que le pongan los pantalones.
- Mueve el vientre una o dos veces por día.
- En ocasiones está seco después de la siesta.

Descanso

- Voluntario para irse a la cama; tal vez no se duerma de inmediato, pero juega o se desplaza por la cuna y luego se queda dormido sobre las mantas.
- Duerme hasta las 6 o las 8 DE LA MAÑANA.
- Juega solo y tranquilo de quince a treinta minutos después de despertarse; luego comienza a hacer ruidos de exigencia, señalando su necesidad de levantarse.
- Juega activamente en la cuna cuando está despierto; los costados de la cuna deben estar levantados y asegurados firmemente.
- Duerme siesta por la tarde casi todos los días.

Actividades de juego y sociales

- Le gustan las actividades motrices de los músculos largos: izarse hasta ponerse de pie, avanzar sujetándose a los muebles, quedarse de pie solo, reptar. Algunos bebés caminan en esta etapa.
- Le agrada ponerse cosas sobre la cabeza: un canasto, un tazón, una taza; lo encuentra muy divertido y espera que la gente lo note y se ría.
- Mete y saca unos objetos de otros: cacerolas apilables, juguetes en una caja.

8–12 MESES

- Le gusta esconderse detrás de las sillas para jugar a "¿Dónde está el nene?"
- Arroja cosas al suelo y espera que se las devuelvan.
- Muestra interés en abrir y cerrar puertas y armarios.
- Entrega un objeto a un adulto si se lo pide; espera que se lo devuelva de inmediato.
- Responde a "no-no" deteniéndose; por otra parte, puede ser que el lactante sonría, se ría y continúe con la conducta inconveniente, convirtiéndolo en un juego.
- Distingue entre las personas: es vivaz con los conocidos; se muestra angustiado con los demás, o los ignora.
- Le gustan las actividades rítmicas: que lo hagan saltar, lo sacudan o balanceen suave

- Muestra su necesidad de que lo alcen extendiendo los brazos hacia arriba, llorando, o pegándose a las piernas de un adulto.
- Comienza a mostrar su voluntad resistiéndose a los pedidos del cuidador; puede patear, chillar o tirarse al suelo.
- Ofrece juguetes y objetos a otros.
- A menudo se encariña con un juguete o una manta favorita.
- Al oír su nombre, mira y sonríe a la persona que le habla.
- Repite los comportamientos que captan su atención; parlotea continuamente.
- Obedece instrucciones y pedidos sencillos; entiende el significado de "no".

8–12 MESES

ACTIVIDADES DE APRENDIZAJE

Consejos a padres y cuidadores:

- Amplíe actividades ya sugeridas; siempre siga las pistas que le da el bebé iniciando una nueva respuesta o inventando una versión nueva de un juego conocido (las raíces de la creatividad).
- Proporcione espacio de suelo libre de peligros cerca del padre o cuidador; aprender a sentarse, gatear, ponerse de pie y explorar son las tareas principales de un bebé durante estos meses.
- Lea y cuéntele historias cortas sobre ocurrencias cotidianas en la vida del bebé; léale también de libros ilustrados, resistentes y de colores brillantes, dejándole ayudar a dar vuelta a las hojas.

- Háblele de las actividades que está realizando, poniendo énfasis en palabras claves: "Aquí está el *jabón*", "Estás *estrujando* la esponja".
- Dé al bebé instrucciones simples: "Palmadita en la cabeza de mamá", "Palmadita en la cabeza del nene". Deje pasar un tiempo adecuado para la respuesta; si el bebé parece interesado, pero no responde, muéstrele la respuesta.
- Acepte el juego recién inventado por el bebé de dejar caer cosas de la silla alta o de la cuna; es su manera de aprender sobre muchas cosas: causa y efecto, la gravedad, la paciencia de los adultos.
- Deje a mano recipientes que el bebé pueda llenar con juguetes u otros objetos pequeños y después vaciar. (La "Regla del puño" sigue vigente).
- Dele al bebé juguetes de empujar y arrastrar, tentempiés, juguetes con ruedas. (Ayudar a desenvolver las latas de alimentos y hacerlas rodar por el suelo de la cocina es un juego favorito de todos los tiempos).

● ●

LLAMADAS DE ATENCIÓN

Consulte a un técnico de salud o a un pediatra si, a los doce meses de edad, el lactante *no*:
- Parpadea cuando se acercan a sus ojos objetos que se mueven velozmente.
- Empiezan a salirle los dientes.
- Imita sonidos simples.
- Obedece a pedidos verbales sencillos: *ven, adiós.*
- Se pone de pie sujetándose.
- Pasa objetos de una mano a otra.
- Muestra ansiedad ante los extraños.
- Establece relaciones juguetonas con padres, cuidadores y hermanos.
- Come solo; sostiene su biberón o su taza; toma y come alimentos preparados en porciones.
- Repta o gatea sobre las manos y las rodillas.

8–12 MESES

Pruebe sus conocimientos

PREGUNTAS DE REVISIÓN

1. Enumere tres características físicas de los recién nacidos.

   a.

   b.

   c.

2. Enumere tres formas en las que es posible evaluar informalmente la audición en un lactante que no habla todavía.

   a.

   b.

   c.

3. Enumere tres reflejos presentes en el recién nacido que deberían desaparecer para cuando tenga un año.

   a.

   b.

   c.

4. Enumere tres capacidades cognoscitivas y de percepción que aparecen durante el primer año de vida.

   a.

   b.

   c.

VERDADERO O FALSO

1. Los recién nacidos son incapaces de aprender hasta que pueden mantenerse despiertos más de una o dos horas de una vez.

2. El recién nacido se sobresalta como respuesta a un ruido fuerte.

3. El llanto no tiene ninguna función útil en el desarrollo, salvo permitir que el lactante señale su hambre, necesidad de que lo cambien o de que lo abriguen más.

4. Se mide regularmente la circunferencia craneana del lactante para determinar el crecimiento de su cerebro.

5. Se debe desalentar la imitación en los lactantes para que no se conviertan en unos "copiones" al crecer.

6. El lactante saludable ha casi triplicado su peso al nacer cuando llega al año.

7. Todos los lactantes que se desarrollan normalmente gatean antes de caminar.

8. Se debe regañar al bebé de seis meses que sigue arrojando juguetes de la cuna, por darle demasiado trabajo al padre o cuidador.

9. Desde el punto de vista del desarrollo, no hay excusa para que los niños de nueve o diez meses tengan miedo de los extraños, a menos que hayan tenido antes alguna mala experiencia.

OPCIÓN MÚLTIPLE   *Elija un punto de cada uno de los grupos siguientes que no se observe normalmente en la mayoría de los lactantes de la categoría de edad indicada.*

1. Del nacimiento a un mes

   a. llora sin lágrimas.

   b. sincroniza los movimientos corporales con los patrones del habla del padre o cuidador.

   c. muestra necesidad de que lo alcen, extendiendo los brazos.

2. De uno a cuatro meses

   a. dice adiós con la mano, juega a las "tortitas" cuando se lo piden.

   b. balbucea o arrulla cuando se le habla o se le sonríe.

   c. desaparecen los reflejos TNR y de paso.

3. De cuatro a ocho meses

   a. muestra encariñamiento total con la madre o el cuidador principal.

   b. expresa emociones, como placer, enojo y molestia, haciendo diferentes clases de sonidos.

   c. ve contornos y formas de objetos cercanos, pero no es capaz de enfocar en los distantes.

4. De ocho meses a un año

   a. suele dormir toda la noche de un tirón.

   b. le salen varios dientes.

   c. tiene un vocabulario de por lo menos cincuenta palabras.

CAPÍTULO 5

EL NIÑO QUE APRENDE A CAMINAR

DE DOCE A VEINTICUATRO MESES

El niño que aprende a caminar es una dinamo, lleno de energía, entusiasmo y curiosidad ilimitados. A pesar de que la tasa de crecimiento se hace considerablemente más lenta en esta etapa, se están produciendo cambios de desarrollo importantes. Comienza esta etapa con las capacidades limitadas de un lactante y la termina con las habilidades relativamente complicadas de un niño.

La mejoría de las capacidades motrices le permite moverse por su cuenta, explorar y probar su entorno. El rápido desarrollo del habla y el lenguaje contribuye a conseguir capacidades más complejas de aprendizaje y pensamiento. Las actitudes desafiantes y las respuestas negativas se hacen corrientes cerca del final de esta etapa. Poco a poco, el niño que aprende a caminar comienza a afirmar su independencia como forma de adquirir autonomía (un sentido de sí mismo como ser separado y que se maneja a sí mismo) y algo de control sobre padres y cuidadores.

EL NIÑO DE UN AÑO

La capacidad de estar de pie y dar pasos de un lugar a otro les permite a los niños de un año adquirir un conocimiento nuevo de su entorno. Hablan y actúan activamente, deteniéndose sólo para las horas de las comidas, muy necesarias, y el sueño. Crece su curiosidad, avanzan cada vez más sus habilidades y su nivel de energía parece inacabable. Los niños de un año creen que todo y todos existen para su propio beneficio. Con el tiempo, este egocentrismo deja lugar a un mayor respeto por los demás. Sin embargo, por ahora, el niño de un año está satisfecho con declarar todo "mío" e imitar el juego y las acciones de otros niños, en vez de sumarse a ellos.

PERFILES DE DESARROLLO Y PATRONES DE CRECIMIENTO

Características físicas y crecimiento

- La tasa de crecimiento es considerablemente más baja durante este período.
- La altura aumenta aproximadamente 5 a 8 cm por año; los niños que están aprendiendo a caminar llegan a una altura promedio de 80 a 90 cm.

Se mantiene de pie erguido sin apoyo.

- Pesa entre 9,5 y 12,5 kg; engorda de 130 a 250 g por mes; su peso se aproxima ahora al triple del que tenía al nacer.
- El ritmo de respiración es generalmente de veintidós a treinta respiraciones por minuto; varía con el estado emocional y la actividad.
- Los latidos del corazón (pulso) son aproximadamente 80 a 110 por minuto.
- El tamaño de la cabeza aumenta lentamente; crece unos 13 mm cada seis meses; la fontanela anterior está casi cerrada a los dieciocho meses, al engrosarse los huesos del cráneo.
- La circunferencia del pecho es mayor que la craneana.
- Hay una rápida erupción de dientes; aparecen entre seis y diez nuevos.
- Las piernas pueden verse arqueadas todavía.
- Cambia la forma del cuerpo; adquiere un aspecto más similar al de un adulto; aún se ve más pesado por arriba; el abdomen es prominente, la espalda está inclinada.
- La agudeza visual es aproximadamente 20/60.

Desarrollo motor

- Gatea hábil y rápidamente.
- Se tiene de pie solo, con los pies separados, las piernas rígidas y los brazos extendidos para apoyarse.
- Se pone de pie sin ayuda.
- La mayoría de los niños caminan solos al acercarse el final de este período; se caen a menudo; no siempre son capaces de rodear los obstáculos, como los muebles o juguetes.

12–24 MESES

- Utiliza los muebles para bajarse al suelo; cae hacia atrás sentado o hacia delante sobre las manos para sentarse luego.
- Suelta voluntariamente un objeto.
- Le gusta empujar o tirar de juguetes mientras camina.
- Repetidamente recoge objetos y los arroja; la dirección se hace más deliberada.
- Intenta correr; tiene dificultades para detenerse y por lo común se deja caer sencillamente al suelo.
- Trepa por las escaleras gateando; las baja de la misma manera.
- Se sienta en una silla pequeña.
- Lleva juguetes de un sitio a otro.
- Le gustan los crayones y marcadores para garabatear; emplea el movimiento de todo el brazo.
- Ayuda con su alimentación; le gusta sostener la cuchara (a menudo boca abajo) y beber de un vaso o una taza; no siempre consigue llevarse los utensilios a la boca; es de esperar que derrame algo.
- Ayuda a volver las hojas del libro.
- Apila entre dos y cuatro objetos.

Desarrollo cognoscitivo y de la percepción

- Disfruta con las actividades de esconder objetos:
    —Al principio de este período, el niño siempre busca en el mismo lugar un objeto oculto (si ha visto cómo lo escondían). Más adelante, lo buscará en varios lugares.
- Pasa el juguete a la otra mano cuando se le ofrece otro objeto (lo que se denomina "cruzar la mitad del cuerpo" —un importante desarrollo neurológico).
- Maneja tres o cuatro objetos apartando uno (sobre el regazo o en el suelo) cuando se le presenta un juguete nuevo.
- Se lleva los juguetes a la boca con menos frecuencia.

**Le gusta compartir los libros ilustrados
con los adultos.**

- Le gusta mirar libros ilustrados.
- Evidencia comprensión de relaciones funcionales (objetos que van juntos):
    —Pone la cuchara en el tazón y luego la usa como si comiera.
    —Coloca la taza en el platillo y bebe de la taza.
    —Trata de poner de pie a la muñeca.
- Muestra u ofrece un juguete a otra persona para que lo vea.
- Nombra muchos objetos cotidianos.
- Muestra comprensión creciente de la discriminación espacial y entre figuras: mete todos los broches en su tablero correspondiente, coloca tres formas geométricas en un tablero de figuras o un rompecabezas.
- Pone varias cosas pequeñas (bloques, pinzas de ropa, trozos de cereal) en un recipiente o frasco y luego lo vacía.
- Intenta hacer funcionar los objetos mecánicos después de haber visto a otro hacerlo.
- Responde con algún movimiento facial, pero no puede imitar verdaderamente la expresión del rostro.

Desarrollo del habla y el lenguaje

- Produce una "jerga" considerable: junta palabras y sonidos en patrones de tipo lingüístico (con inflexiones).
- Habla holofrástica; utiliza una palabra para expresar todo un pensamiento; el significado depende de la inflexión ("mí" puede ser un pedido de más galletas o un deseo de comer sin ayuda). Más adelante, produce frases de dos palabras para expresar una idea completa (habla telegráfica): "Más galletas", "Papá adiós".
- Sigue instrucciones simples, "Dale la taza a papá".
- Cuando se le pide, señala las personas, animales y juguetes familiares.
- Identifica tres partes del cuerpo si alguien las nombra: "Muéstrame tu nariz (dedo gordo, oreja)".
- Indica por su nombre unos cuantos objetos deseados y actividades: "adiós", "galleta"; el pedido verbal suele ir acompañado por un gesto insistente.
- Responde a preguntas sencillas con un "sí" o "no" y el movimiento de cabeza apropiado.
- El habla es en un 25 a 50 por ciento **inteligible** durante este período.
- Localiza objetos familiares cuando se lo piden (si el niño conoce su ubicación).
- Adquiere y emplea entre cinco y cincuenta palabras; lo típico es que se refieran a animales, alimentos y juguetes.
- Utiliza gestos, como señalar o tironear, para dirigir la atención de los adultos.
- Le gustan las rimas y canciones; intenta sumarse a la actividad.
- Parece consciente de los aspectos de reciprocidad (en uno y otro sentido) de las conversaciones; hay un comienzo de toma de turnos en otras clases de intercambios vocales, como emitir e imitar sonidos.

12–24 MESES

inteligible—*Lenguaje que puede ser comprendido por otros.*

"¿Dónde está la nariz de mamá?"

"Mi nene"

Desarrollo personal y social

- Generalmente amistoso con otros; menos receloso ante los extraños.
- Ayuda a recoger y guardar los juguetes.
- Juega solo durante períodos cortos.
- Le gusta que lo tengan en brazos y le lean.
- A menudo imita las acciones de los adultos en sus juegos.
- Disfruta con la atención de los adultos; le gusta saber que tiene un adulto cerca; da abrazos y besos.
- Se reconoce en el espejo.
- Gusta de la compañía de otros niños, pero no juega de forma cooperativa.
- Comienza a afirmar su independencia; con frecuencia rehusa a cooperar en las rutinas diarias que antes le gustaban; se resiste a que lo vistan, le pongan los zapatos, a comer, a bañarse; quiere intentar hacer cosas sin ayuda.
- Puede tener un berrinche cuando algo sale mal si está demasiado cansado o frustrado.
- Siente curiosidad extrema por la gente y lo que lo rodea; es preciso vigilar con cuidado a los niños que aprenden a caminar para que no caigan en situaciones de peligro.

RUTINAS DIARIAS — DOCE A VEINTICUATRO MESES

Comidas

- Tiene menos apetito; la comida de mediodía suele ser la preferida.
- A veces se lo describe como delicado o melindroso para comer; puede tener rachas de comidas (deseos de comer sólo unas pocas cosas); no necesita, ni quiere, mucha cantidad de comida.

continuación

- Ocasionalmente mantiene la comida en la boca sin tragarla; por lo general esto indica que el niño no necesita ni quiere comer más.
- Utiliza la cuchara con cierto grado de habilidad (si tiene hambre y le interesa comer).
- Controla bien la taza: la levanta, bebe de ella, la deja, la sostiene con una mano.
- Colabora para darse la comida; algunos niños de esta edad pueden comer solos; otros necesitan ayuda.

Ir al sanitario, bañarse, vestirse

- Trata de lavarse; juega con la toallita y el jabón.
- Ayuda a vestirse: mete el brazo por la manga, levanta los pies para que le pongan los calcetines. Le gusta vestirse y desvestirse: se quita los zapatos y calcetines; con frecuencia se pone la camisa al revés o mete los dos pies en una pernera.
- Hace saber al padre o cuidador cuando tiene el pañal sucio o mojado.
- Comienza a adquirir algo de control sobre sus intestinos y vejiga; el control completo no suele lograrse hasta alrededor de los tres años.

Descanso

- Se duerme a eso de las 8 o las 9 de la noche; sin embargo, con frecuencia se queda dormido a la hora de cenar si no ha hecho siesta. Duerme toda la noche, diez o doce horas seguidas.
- Puede tener dificultades para dormirse; el exceso de energía se manifiesta en botes y saltos, llamadas a la madre, pedidos de beber o ir al baño, hacer y rehacer la cama—todo lo cual parecen formas de "soltar la cuerda". Una rutina corta al acostarse puede ayudarle a prepararse para dormir.
- Pide muchas cosas a la hora de dormir, juguetes de felpa, un libro o dos, una manta especial.

Actividades de juego y sociales

- Desarrolla un fuerte sentido de derechos de propiedad; "mío" se oye a menudo. Le es difícil compartir; hace acopio de juguetes y otros artículos.
- Le gusta ayudar, pero se mete en "líos" cuando se lo deja solo: unta con pasta dentífrica, se prueba el lápiz labial, vacía los cajones de la cómoda.
- Disfruta hablando sobre las ilustraciones; le gusta la repetición, como en *Drummer Hoff, Mr. Bear,* y los libros del *Dr. Seuss* .
- Le gusta caminar; se para a cada rato para mirar cosas (piedras, envoltorios de goma de mascar, insectos); se pone en cuclillas para examinar y recoger objetos; se demora sin verdadero interés en llegar a un sitio en particular.

12–24 MESES

continuación

- Todavía juega solo (juego en solitario) la mayor parte del tiempo, aunque muestra cierto interés en otros niños; mira mucho. Juega en paralelo en ocasiones (juego al lado de otro niño, pero no con él), sin juego cooperativo todavía (pueden ser la excepción los niños que han pasado un tiempo considerable recibiendo atención en grupo).
- A la hora de dormir necesita que le dejen la puerta entornada con luz encendida en otra habitación; parece sentirse más seguro, más capaz de tranquilizarse.
- Sigue durmiendo siesta; las siestas muy largas o hasta muy tarde serán un obstáculo a la hora de irse a dormir.
- Se despierta de la siesta lentamente; no se le puede apresurar o insistir en que inicie una actividad enseguida.

ACTIVIDADES DE APRENDIZAJE

Consejos a los padres y cuidadores:

- Responda al parloteo y las inflexiones de voz del niño, con palabras simples y agradables (jugando); mantenga turnos en la conversación.
- Anímelo a que señale objetos conocidos en libros ilustrados, catálogos y revistas; nombre los objetos y fomente (sin insistir) la imitación.
- Esconda un juguete u otro objeto familiar en un sitio obvio y anime al niño a que lo encuentre (dándole pistas si hace falta).
- Proporcione bloques, aros de apilar, cajas para separar figuras geométricas, tazas apilables; los juguetes así promueven la resolución de problemas y la coordinación entre vista y manos.
- Permita a menudo el juego con agua; la pila de fregar es siempre un sitio favorito cuando hay un adulto trabajando en la cocina. (Una alfombrita vieja, absorbente, recogerá lo que se derrame o gotee, y así reducirá las probabilidades de patinar o caer).
- Ponga algunos juguetes favoritos en distintas partes de la habitación para que el niño deba llegar a ellos gateando, apoyándose en los muebles o caminando (practicando las capacidades motrices).
- Proporcione juguetes de empujar o tirar, un caballito de madera o de plástico estable para manejar y mover con los pies; disponga lugares seguros, bajos, para que trepe por encima o por debajo y se suba.

12–24 MESES

LLAMADAS DE ATENCIÓN

Consulte con un técnico en salud o un pediatra si, a los veinticuatro meses, el niño *no:*

- Intenta hablar o repetir palabras.
- Comprende algunas palabras nuevas.
- Responde a preguntas sencillas con "sí" o "no".
- Camina solo (o con muy poca ayuda).
- Exhibe varias emociones: enojo, placer, miedo.
- Muestra interés por las ilustraciones.
- Se reconoce en el espejo.
- Intenta darse de comer: se lleva la taza a la boca y bebe.

EL NIÑO DE DOS AÑOS

Este año puede ser un desafío—tanto para el niño como para quienes lo cuidan. Adultos exasperados describen generalmente a los niños de dos años como "imposibles" (o exigentes, irrazonables, caprichosos). Sin embargo, la feroz determinación del niño de dos años, sus berrinches, su incapacidad de aceptar límites, forman parte del desarrollo normal y pocas veces están bajo el control del niño. El niño de dos años se enfrenta a exigencias que pueden ser abrumadoras; nuevas habilidades y comportamientos por aprender y recordar, respuestas aprendidas por perfeccionar e intrigantes expectativas de adultos que satisfacer. Además, deben resolverse sentimientos contrapuestos de dependencia e independencia (autonomía). ¿Es de extrañar que estén frustrados, que les sea difícil elegir y que digan que no incluso a cosas que de veras quieren?

A pesar de que este año de transición puede ser de prueba para todos, también suceden cosas buenas. Los niños de dos años son notables por sus frecuentes y espontáneos estallidos de risa y afectividad. También, al ir adquiriendo nuevas capacidades y consolidarse el aprendizaje anterior, gradualmente empiezan a funcionar de manera más capaz y agradable.

PERFILES DE DESARROLLO Y PATRONES DE CRECIMIENTO

Desarrollo físico y crecimiento

- El aumento de peso promedio está entre 0,9 y 1,1 kg. por año; pesa aproximadamente de 12 a 15 kg, o sea, unas 4 veces el peso al nacer.
- Crece aproximadamente entre 7,5 y 13 cm por año; la altura promedio es de 86 a 96,5 cm.

2 AÑOS

**Se esfuerza por mantener el
equilibrio sobre un pie.**

- La postura es más erguida; el abdomen todavía es grande y prominente, la espalda se inclina, porque los músculos abdominales no están aún completamente desarrollados.
- Las respiraciones son lentas y regulares (entre veinte y treinta y cinco por minuto).
- La temperatura corporal continúa fluctuando con la actividad, el estado emocional y el medio ambiente.
- El cerebro alcanza alrededor del 80 por ciento de su tamaño de adulto.
- La erupción de dientes está casi terminada; aparecen los segundos molares, haciendo un total de veinte dientes caedizos o "de leche".

Desarrollo motor

- Los pasos con las piernas separadas van siendo reemplazados por una postura más erguida, con un patrón talón-punta; es capaz de evitar obstáculos en su camino.
- Corre con más confianza; las caídas son menos.
- Permanece en cuclillas períodos largos mientras juega.

Se esfuerza por abrir puertas.

2 AÑOS

- Trepa por escalones sin ayuda (pero sin alternar los pies).
- Se mantiene en equilibrio sobre un pie (unos momentos), salta hacia arriba y hacia abajo, pero a veces se cae.
- Es frecuente que en este año consiga el control de esfínteres (dependiendo del desarrollo neurológico y físico del niño) aunque todavía son de esperar los accidentes; el niño indicará su propia disposición para controlar sus evacuaciones.
- Lanza una pelota grande por debajo de la mano sin perder el equilibrio.
- Sostiene la taza o el vaso (asegúrese de que sea irrompible) en una mano.
- Desabrocha los botones grandes; corre los cierres grandes.
- Abre las puertas con los picaportes.
- Agarra los crayones grandes cerrando el puño; garabatea con entusiasmo en hojas grandes.
- Trepa a la silla, se da la vuelta y se sienta.
- Le encantan las actividades de verter y llenar—arena, agua, espuma de plástico, maníes.
- Apila de cuatro a seis objetos uno encima de otro.
- Utiliza los pies para impulsar juguetes con ruedas para montar.

Desarrollo cognoscitivo y de la percepción

- Mejor coordinación entre vista y manos; puede juntar objetos, separarlos, meter los broches en el tablero.
- Comienza a utilizar los objetos para fines distintos de los evidentes (puede empujar un bloque como si fuera un bote).
- Realiza tareas sencillas de clasificación basadas en una dimensión (separa dinosaurios de autos de juguete).
- Se queda mirando fijo un rato; parece fascinado o abstraído por resolver una situación: adónde ha rodado la pelota de tenis, adónde se ha ido el perro, qué causó ese ruido.
- Presta atención a actividades que ha elegido él, durante períodos más largos.
- Descubre causa y efecto: apretar al gato hace que arañe.
- Sabe dónde deberían estar las personas familiares; nota su ausencia; encuentra un objeto escondido buscando primero en el último escondite.
- Nombra objetos de los libros ilustrados; puede que finja sacar algo de la página para probarlo u olerlo.
- Reconoce y expresa el dolor y su localización.

Desarrollo del habla y el lenguaje

- Le gusta que le lean si se le permite participar señalando, haciendo ruidos apropiados, volviendo las hojas.

2 AÑOS

- Se da cuenta de que el lenguaje es eficaz para conseguir que otros respondan a sus necesidades y preferencias.
- Emplea entre cincuenta y trescientas palabras diferentes; su vocabulario está en continuo aumento.
- Ha descifrado el código lingüístico; en otras palabras, mucho de lo que dice un niño de dos años tiene sentido para él.
- El lenguaje pasivo está más desarrollado que el productivo; lo que comprenden la mayor parte de los niños de dos años es significativamente más que lo que pueden expresar.
- Emite oraciones de tres y cuatro palabras; utiliza el orden convencional para formar oraciones más completas.
- Se refiere a sí mismo como "mí" o a veces "yo" más que por su nombre: "mí adiós"; no tiene dificultad con "mío".
- Expresa las oraciones negativas añadiendo una palabra negativa como "no" o "nada": "leche no".
- Pregunta repetidamente "¿Qué es eso?"
- Emplea algunos plurales; habla de objetos y hechos fuera del presente inmediato (se trata de un adelanto tanto cognoscitivo como lingüístico).
- Es común que se observe tartamudeo y otras faltas de fluidez.
- El habla es inteligible hasta en un 65 a 70 por ciento.

Desarrollo personal y social

- Muestra señales de empatía y cariño: consuela a otro niño que esté lastimado o asustado; a veces es demasiado afectuoso al ofrecer abrazos y besos a los niños.
- Sigue utilizando la agresión física si se siente frustrado o enojado (en algunos niños esto se halla más exagerado que en otros); la agresión física suele disminuir al mejorar la habilidad verbal.
- Es probable que los berrinches lleguen al máximo este año; no se puede razonar con él mientras le dure el acceso.

Puede demostrar su preocupación por un amigo lastimado.

Lo típico es que juegue solo.

2 AÑOS

- Es impaciente; le resulta difícil esperar o guardar turnos.
- Le gusta "ayudar" en las tareas domésticas; imita las actividades cotidianas; puede intentar llevar al baño a un animal de felpa, darle de comer a una muñeca.
- Es "mandón" con los padres y cuidadores; les da órdenes, plantea exigencias, espera que los adultos le obedezcan de inmediato.
- Observa e imita el juego de otros niños, pero rara vez se suma; está satisfecho jugando solo.
- Ofrece juguetes a otros niños, pero por lo general es posesivo con sus cosas de jugar; tiende a acaparar juguetes.
- Le es difícil elegir; pretende tener las dos opciones.
- A menudo es desafiante; gritar "no" se hace automático.
- Es ritualista; quiere que todo sea justamente "así"; las rutinas se deben ejecutar exactamente igual que antes; las cosas se colocan "en su lugar".

RUTINAS DIARIAS — DOS AÑOS

Comidas

- El apetito es bastante; fluctúa con los períodos de crecimiento; la del mediodía suele ser la comida preferida.
- A veces se lo describe como delicado o melindroso; con frecuencia tiene gustos y aversiones muy marcados (que se deben respetar); puede pasar por rachas de comidas (comiendo sólo ciertos alimentos, como sandwiches de mantequilla de maní y jalea, macarrones con queso).
- Le gusta la comida sencilla, "reconocible"; no le gustan las mezclas; quiere los alimentos servidos de la forma que conoce.

"¡Mira, papá, todo limpio!"

- Tal vez necesite una merienda entre horas; debería ser de buen valor nutritivo, sin que pueda disponer de "comida chatarra".
- Cada vez es más capaz de comer solo, pero a veces puede estar "demasiado cansado" para hacerlo.
- Tiene buen control de la taza o el vaso, aunque a menudo derrama algo.
- Aprende los modales en la mesa imitando a los adultos y niños mayores.

Ir al sanitario, bañarse, vestirse

- Disfruta con el baño si no se le retacea el tiempo (*nunca se le debe dejar solo*); puede protestar porque lo laven; trata de hacerlo solo.
- Generalmente le disgusta que le laven la cabeza, incluso se resiste.

2 AÑOS

continuación

- Trata de ayudar cuando lo están vistiendo; necesita ropa simple, manejable; por lo común se puede desvestir solo.
- Muestra señales de disposición a controlar sus intestinos (algunos niños pueden haber logrado ya el dominio de su intestino).
- Se mantiene seco durante períodos más largos (señal de la disposición al control de esfínteres); otras señales incluyen el interés en observar a otros cuando usan el WC, mantener una muñeca o un animal de felpa sobre la taza del WC, apretarse, querer sentarse en el orinal unos momentos, expresar desagrado por estar húmedo o sucio.

Descanso

- El período de sueño nocturno varía (entre nueve y doce horas).
- Todavía le hace falta la siesta de la tarde; necesita despertarse despacio.
- Puede que se resista a irse a la cama; por lo común obedece si se le advierte con tiempo y puede confiar en una rutina conocida de la hora de acostarse (cuento, tiempo de conversación, un juguete especial).
- Le lleva un rato quedarse dormido, sobre todo si está demasiado cansado; puede cantar, hablar consigo mismo, dar botes en la cama, llamar a los padres, hacer y deshacer la cama (otra vez, maneras de "soltar la cuerda").

Actividades de juego y sociales

- Le gusta disfrazarse e imitar las actividades familiares: ponerse el sombrero del padre convierte al niño en un "papá".
- Le gusta estar con otros niños, pero no juega bien con ellos: los observa intensamente, imitando sus acciones (juego en paralelo).
- Exhibe una actitud muy negativa hacia padres y cuidadores—un primer paso hacia el establecimiento de su independencia.
- Puede tener un amigo imaginario como compañero constante.
- Explora todo lo que lo rodea, incluyendo a otros niños; puede que los empuje como para comprobar su reacción.

2 AÑOS

ACTIVIDADES DE APRENDIZAJE

Consejos a los padres y cuidadores:

- Presente juegos de compartir, como dominó de figuras o lotería, grandes, que se basen en emparejar colores, animales, expresiones faciales y objetos cotidianos.
- Ofrezca materiales para manipular con el fin de fomentar la resolución de problemas y la coordinación entre vista y manos: cuentas grandes para enhebrar, cubos de

DIVERSIDAD

La composición y el carácter de la sociedad norteamericana está cambiando a mayor velocidad que en cualquier otra época. Los niños que asisten a los programas para la primera infancia reflejan estos cambios sociales y la diversidad creciente que muestran es representativa de las corrientes en la población en general. Por esta razón, es importante comprender la calidad multifacética de la diversidad y lo que implica para el ejercicio de prácticas adecuadas en cuanto al desarrollo.

LA NATURALEZA DE LA DIVERSIDAD

Los niños son únicos en su propio estilo, no hay dos que sean exactamente iguales. Las interacciones continuas y complejas que suceden entre el bagaje genético del niño, el entorno y la acumulación de experiencias vividas son las que marcan las diferencias que distinguen a un niño de otro. Es este ser "único", o la diversidad, lo que explica la individualidad de cada niño y adulto.

En su sentido amplio, el término diversidad abarca un gran abanico de similitudes, además de diferencias. Las dimensiones que se describen con más frecuencia incluyen:

- edad
- sexo
- raza y antecedentes étnicos
- clase socioeconómica
- idioma
- capacidades

Sin embargo, las cuestiones de la diversidad sobrepasan los límites de la simple clasificación. Los sistemas familiares, estilos de comunicación, preferencias religiosas, educación, ejercicio de la paternidad y valores comunitarios, todos desempeñan papeles importantes en la formación de la herencia exclusiva de un niño. También influyen en su sentido de identidad o concepto de sí mismo. Cada experiencia vivida afecta la visión que los niños tienen de sí mismos. Por lo tanto, se deben realizar esfuerzos por evitar suposiciones y generalizaciones simplistas sobre aspectos de la diversidad, ya que a menudo hay variaciones relativas a cada dimensión. Por ejemplo, un niño que habla español puede provenir de muy distintas ubicaciones geográficas o culturas. Al clasificar a un niño como "Latino" se falla en el conocimento de sus diferencias individuales culturales y, de este modo se fomentan estereotipos.

IMPLICACIONES PARA LOS MAESTROS DE LA PRIMERA INFANCIA

Los maestros ocupan evidentemente posiciones claves de influencia con respecto a las cuestiones de diversidad. Cada fase de planificación y puesta en práctica de programas para la primera infancia se convierte en la oportunidad para impulsar un sentido de comprensión y aceptación de las

diferencias, por parte de los niños y de los adultos. Los maestros pueden ayudar a los niños a comenzar a construir sus principios, que consisten en actitudes positivas y respeto a través de las situaciones de clase que crean, su elección de actividades y material educativo, y el modelo que presenten de comportamiento sensible.

VALORES Y ACTITUDES

Siempre es importante que los maestros examinen sus propias actitudes y creencias sobre diversas culturas, prácticas, religiones, capacidades y limitaciones, con el fin de reconocer las distintas interpretaciones posibles. La ignorancia y el prejuicio limitan la eficacia de un educador para promover la aceptación y celebración de las diferencias individuales en el aula. Este proceso de auto-examen también abre las puertas a oportunidades de adquirir nuevas informaciones y una mejor comprensión.

Los ambientes para la primera infancia presentan valiosas oportunidades de ayudar a los niños a adquirir actitudes positivas con respecto a los demás. Un ambiente de clase neutral en cuanto a valores anima a los niños a expresar sus preguntas y curiosidad sobre las diferencias individuales.

Las respuestas proporcionadas de manera directa y objetiva promueven una atmósfera de aceptación y respeto. Las actividades integradas en las experiencias diarias de aprendizaje, mejor que enseñadas como lecciones separadas y ocasionales, ayudan a los niños a desarrollar una mayor apreciación de la diversidad. Con el tiempo, los niños aprenderán a tratarse con respeto, justicia y amistad, y a valorar las contribuciones exclusivas de cada individuo.

LA COMUNICACIÓN

Los mejores programas para la primera infancia se basan en una comunicación eficaz dentro de un contexto que apoya una apreciación de la diversidad. Los maestros deben animar a todos los niños a comunicarse de cualquier manera que sus habilidades se lo permitan. Los maestros reconocen y muestran respeto por las variaciones culturales en la lengua infantil y proporcionan experiencias educativas que valoran tales diferencias.

Se pueden evitar malos entendidos cuando se dedica tiempo a aprender la importancia y las variaciones de los estilos de comunicación, incluyendo comportamientos no verbales como las expresiones faciales, el contacto visual, el contacto físico y la postura. Saber, por ejemplo, que el contacto visual directo se considera irrespetuoso en algunas culturas y, por lo tanto, se evita hacerlo intencionadamente, reduce las posibilidades de malinterpretar este comportamiento como falta de atención, indiferencia o malos modales.

Las necesidades de comunicación de los niños pueden satisfacerse por medio de las experiencias diarias en el aula, si abarcan la riqueza de diferencias culturales. Las actividades, en especial las que incluyen arte, música, narración de cuentos y representaciones teatrales, facilitan que el niño domine las habilidades de comunicación básicas. También son eficaces a la hora de mejorar la expresión oral, aprender a hacer preguntas, explorar diferencias, dar opiniones con libertad y, de esta manera, ampliar la competencia social del niño.

EXPERIENCIAS DE APRENDIZAJE

Los programas educativos que valoran la diversidad proporcionan experiencias que amplían la comprensión de otras culturas y capacidades en el niño. También se acomodan a las diferencias entre niños en cuanto a intereses y estilos de aprendizaje. Los maestros reconocen que las personalidades de los niños, sus habilidades, talentos, idioma y antecedentes culturales, influyen en el contexto en el que aprenden.

Los maestros conocen a los niños y seleccionan las prácticas educativas y materiales didácticos significativos y pertinentes para la naturaleza diversa de los niños. Los maestros ven a las familias como recursos valiosos y las alientan a participar en las experiencias de aprendizaje de sus hijos. Se hacen todos los esfuerzos por evitar materiales y prácticas que sean irrespetuosos o se basen en informaciones subjetivas.

VALORACIÓN

La evaluación de las capacidades de
los niños y del progreso de su
desarrollo también respeta
su diversidad.

Los maestros eligen
herramientas y
prácticas de evaluación
que tengan en cuenta
las diferencias en los
antecedentes de los
niños, sus expectativas
culturales, estilos de
aprendizaje y
limitaciones físicas,
mentales y de idioma.
Identifican medidas de
evaluación que
reconocen los puntos
fuertes de los niños,
además de sus
debilidades. Se incluyen
observaciones de los niños en su
ambiente natural para ser sensibles a
las cuestiones de diversidad y evitar
la tendencia a hacer suposiciones con
parcialidad. La evaluación incluye
también a la familia y toma en cuenta
sus expectativas al establecer metas y
objetivos realistas para los niños.
Los maestros que valoran la
diversidad también reconocen cuando
las circunstancias convierten a la
evaluación en inapropiada o inválida.

TRABAJAR CON LAS FAMILIAS

Los programas que valoran la diversidad involucran a las familias en las experiencias de aprendizaje de sus hijos. Se invita a los miembros de la familia a que compartan sus tradiciones, idioma, celebraciones, comidas, música, relatos y talentos especiales. Son siempre bien recibidos en toda ocasión — su presencia y participación se alienta y valora. La comunicación entre las familias y los maestros es frecuente, ofrece apoyo, muestra respeto y facilita la creación de colaboraciones importantes.

La participación de las familias aporta una riqueza incomparable a los programas para la primera infancia y pone de relieve la forma en que los niños comprenden y aceptan las diferencias individuales. Tambien ayuda a que los niños desarrollen un sentido más fuerte de su propio valor e identidad. De igual modo, las familias se benefician al involucrarse en la educación de sus hijos. Se logra mejor comprension y consistente cuando se refuerzan los lazos entre el hogar de los niños y la escuela.

El desafío sigue vigente - continuar trabajando por una mayor comprensión, sensibilidad y aceptación de las diferencias individuales.

colores vivos, cajas de rompecabezas, ladrillos grandes de plástico que se puedan entrabar.

- Proporcione réplicas de juguete de animales de granja y salvajes, familias, automóviles, camiones y aviones para separarlos en grupos y jugar con imaginación.
- Léale regularmente; dele libros de dibujos muy coloridos para que nombre objetos y describa hechos cotidianos; utilice libros sencillos de cuentos ilustrados (una línea por página) para que el niño pueda aprender a contar el cuento.
- Comparta canciones infantiles, juegos con mímica manual sencillos y canciones de acción, responda, imite e invente juegos simples basados en los recitados rimados y rítmicos espontáneos del niño.
- Disponga (y vigile de cerca) pinturas lavables, marcadores, tiza, crayones grandes y hojas grandes de papel para la expresión artística.
- Colabore en las actividades de ficción; por ejemplo: guarde cajas vacías de cereales, latas que no se usen, con las etiquetas intactas, para jugar a la tienda.
- Proporciónele carritos; camiones y autos grandes a los que se pueda poner carga, empujar, sentarse en ellos; cochecitos de muñecas; un bote-mecedora; bolsitas de frijoles y anillas para lanzar.

LLAMADAS DE ATENCIÓN

Consulte con un técnico en salud o un pediatra si, para su tercer cumpleaños, el niño *no:*

- Come una dieta bastante completa, aunque en cantidades limitadas.
- Camina con confianza, con pocos tropezones o caídas; sube escalones con ayuda.
- Evita llevarse cosas por delante.
- Ejecuta instrucciones sencillas de dos pasos: "Ven con papá y trae tu libro"; expresa deseos, hace preguntas.
- Señala y nombra objetos familiares; emplea oraciones de dos o tres palabras.
- Le gusta que le lean.
- Muestra interés en jugar con otros niños: mira, tal vez imita.
- Indica un comienzo de interés por controlar sus esfínteres.
- Separa objetos familiares por una sola característica, como tipo, color o tamaño.

2 AÑOS

| Pruebe sus conocimientos |

PREGUNTAS DE REVISIÓN

1. Identifique dos capacidades motrices que adquieren corrientemente los niños de uno y dos años.

    a. un año:

        1.

        2.

    b. dos años:

        1.

        2.

2. Enumere tres actividades apropiadas para el desarrollo de un niño de dos años (basándose en capacidades motrices y cognoscitivas o de percepción).

    a.

    b.

    c.

3. Enumere tres maneras en que un niño de un año puede empezar a afirmar su independencia.

    a.

    b.

    c.

VERDADERO O FALSO

1. Se puede esperar que un niño de dos años siga instrucciones de tres pasos.

2. La forma ideal de parar un berrinche es levantar al niño, ponerlo en una silla y discutir el problema.

3. Los padres se deberían preocupar si un niño que aprende a caminar "no parece comer mucho".

4. La mayoría de los niños de dos años ya no duermen siesta.

5. A los niños que aprenden a caminar se les debería castigar por meterse constantemente en las cosas.

6. La mayoría de los niños de dos años pueden emplear el lenguaje para pedir.

7. Los niños presentan ciertos comportamientos reconocibles cuando están aptos para comenzar el control de esfínteres.

8. La altura y el peso aumentan con rapidez durante este período.

OPCIÓN MÚLTIPLE   *Seleccione una o más respuestas correctas de las listas siguientes.*

1. Es razonable esperar que la mayoría de los niños de un año
   a. utilicen una cuchara con total control.
   b. se quiten los zapatos y los calcetines.
   c. atrapen una pelota pequeña.
2. Es más probable que los niños de dos años emprendan el tipo de juego que se denomina:
   a. en solitario.
   b. en paralelo.
   c. cooperativo.
3. Los cuidadores deberían preocuparse por el desarrollo lingüístico de un niño de dos años que sostenidamente emite oraciones como:
   a. "No quiere guante".
   b. "Mí pono".
   c. "¿Zapato bien pie?"
4. La hora de acostarse puede hacerse más fácil si
   a. se deja decidir al niño cuándo y cómo se irá a la cama.
   b. se sigue la misma rutina básica todas las noches.
   c. se planifican treinta minutos de actividad enérgica antes de la hora de dormir para que el niño esté físicamente cansado.
5. Los cambios en el desarrollo cognoscitivo y de percepción que ocurren incluyen la capacidad de
   a. desmontar un juguete de apilar y armarlo otra vez.
   b. ponerse de pie tirando.
   c. separar bloques en grupos por color (rojo, amarillo y azul).

CAPÍTULO 6

EL PREESCOLAR

Lo típico es que los niños de tres, cuatro y cinco años estén llenos de energía, entusiasmo y curiosidad. Parecen estar en movimiento constante, mientras se abstraen totalmente en lo que cautive su interés en el momento. Durante estos años se perfeccionan las capacidades motrices. La creatividad y la imaginación entran en todo, desde las representaciones hasta el arte o la forma de contar los cuentos. Las capacidades intelectuales y de vocabulario se amplían con rapidez, permitiendo al niño expresar ideas, resolver problemas y hacer planes. Los preescolares creen firmemente en sus propias opiniones. Al mismo tiempo, están desarrollando cierto sentido de las necesidades de otros y alguna medida de control sobre su propio comportamiento. Luchan por la independencia y sin embargo les hace falta la seguridad de que hay un adulto que les preste ayuda, los consuele o los recate, si fuera necesario.

EL NIÑO DE TRES AÑOS

PERFILES DE DESARROLLO Y PATRONES DE CRECIMIENTO

Los niños de tres años tienden a ser más pacíficos, relajados y cooperadores. Los conflictos con adultos, originados en la lucha del niño de dos años por su independencia, son menos y de menor intensidad. En realidad, muchos niños de tres años están deseosos de obedecer a sus padres y cuidadores buena parte del tiempo. Son capaces de demorar más su propia gratificación; es decir, tienen menos necesidad de obtener lo que quieren "ahora mismo". Es evidente su deleite consigo mismos y con la vida en general y muestran un ansia irreprimible de averiguarlo todo sobre todo el mundo que los rodea.

Desarrollo físico y crecimiento

- El crecimiento es sostenido aunque más lento que en los dos primeros años.
- La altura se incrementa entre 5 y 8 cm por año; el promedio está entre 96,5 y 102 cm, casi el doble de la longitud al nacer.

El aspecto es más similar al del adulto.

- Es posible predecir la altura adulta a partir de la medida a los tres años; los niños tienen aproximadamente el 53% y las niñas el 57% de la altura que alcanzarán como adultos.
- El peso aumenta un promedio de 1,5 a 2,5 kg por año, siendo el peso promedio de 13,5 a 17 kg.
- Los latidos del corazón (pulso) están, en promedio, entre 90 y 110 por minuto.
- El ritmo respiratorio es de veinte a treinta, dependiendo del nivel de actividad; el niño continúa con respiración abdominal.
- La temperatura ya promedio es de 35,5° a 37,4°C; le afecta el esfuerzo físico, las enfermedades y el estrés.

Sube y baja escaleras alternando los pies.

- El crecimiento de las piernas es más rápido que el de los brazos, lo que le da al niño de tres años un aspecto más alto y esbelto, como de adulto.
- La circunferencia de la cabeza y la del pecho son iguales; el tamaño de la cabeza está más proporcionado con el cuerpo.
- El cuello parece alargarse al irse perdiendo la "grasita de bebé".
- La postura es más erguida; el abdomen ya no sobresale.
- Todavía parece tener las piernas un poco.
- Tiene la dentadura "de leche" completa.
- Necesita consumir aproximadamente 1.500 calorías por día.
- La agudeza visual es aproximadamente 20/40, usando la tabla Snellen E.

Desarrollo motor

- Sube y baja las escaleras sin ayuda, alternando los pies; puede saltar del escalón más bajo con los dos pies.
- Es capaz de mantenerse en equilibrio en un pie momentáneamente.
- Patea una pelota grande.
- Come solo; requiere una ayuda mínima.
- Da saltos en el lugar.
- Pedalea un triciclo pequeño o un "Bigwheel".
- Arroja una pelota; la puntería y la distancia son limitadas.
- Atrapa una pelota grande rebotada con ambos brazos extendidos.
- Le gusta columpiarse en un columpio (no demasiado alto ni demasiado rápido).
- Muestra mejor control de los crayones o marcadores; utiliza trazos verticales, horizontales y circulares.
- Sostiene el crayón o marcador entre el pulgar y los dedos índice y corazón (asimiento de trípode), no con toda la mano como antes.

Le gusta columpiarse.

- Es capaz de volver las hojas de un libro una por una.
- Le gusta construir con bloques.
- Construye una torre de ocho o más bloques.
- Le gusta jugar con arcilla; la golpea, la estira y la aprieta.
- Puede empezar a dar indicios de **predominio de una mano.**
- Lleva un recipiente con un líquido, como una taza de leche o un tazón con agua, sin derramar mucho; vierte líquido de una jarra a otro recipiente.
- Manipula los botones grandes y los cierres de la ropa.
- Se lava y seca las manos; se cepilla los dientes, pero no del todo bien.
- Lo habitual es que logre control completo de esfínteres durante esta etapa.

Desarrollo cognoscitivo y de la percepción

- Escucha con atención historias apropiadas a su edad.
- Hace comentarios pertinentes durante los relatos, en especial los que se relacionan con asuntos del hogar y la familia.
- Le gusta mirar libros y puede hacer como que "lee" a otros o explicar ilustraciones.
- Le agradan las historias con acertijos, adivinanzas y "suspense".
- Señala con bastante exactitud la figura correcta cuando se dan palabras de sonidos parecidos: *gato-pato; caza-taza; tela-vela.*
- Juega con verismo:
    —Da de comer a la muñeca, la acuesta a siesta, la abriga.
    —Engancha el remolque al camión, carga el camión, arranca haciendo ruido de motor.

Sostiene el marcador con asimiento de trípode.

Construye una torre de ocho bloques o más.

---

predominio de una mano—*Preferencia por usar una mano y no la otra; la mayoría de los individuos se dice que son diestros o zurdos.*

Puede "leer" a otros o explicar ilustraciones.

- Coloca ocho a diez broches en el tablero apropiado o seis bloques redondos y seis cuadrados en el tablero para figuras.
- Intenta dibujar; copia imperfectamente círculos, cuadrados y algunas letras.
- Entiende triángulo, círculo, cuadrado; puede señalar la figura que se le pide.
- Clasifica objetos lógicamente sobre la base de una dimensión, como color, forma o tamaño; suele elegir color o tamaño como base para clasificar.
- Demuestra comprender las comparaciones básicas de tamaño y forma gran parte del tiempo; indica cuál es mayor cuando se le muestra una pelota de tenis y una de golf; comprende también "el menor de los dos".
- Nombra y empareja, como mínimo, los colores primarios: rojo, amarillo, azul.
- Dispone cubos en línea horizontal; también los coloca formando un puente.

Intenta reproducir figuras.

Imita modelos de "trenes" y "puentas".

- Cuenta objetos en voz alta.
- Señala la ilustración que tiene "más": autos, aviones o gatitos.
- Evidencia cierta comprensión de la duración del tiempo empleando frases como "todo el tiempo", "todo el día", "dos días"; a veces se confunde: "No dormí siesta mañana".

Desarrollo del habla y el lenguaje

- Habla de objetos, hechos y personas que no están presentes: "Javier tiene una piscina en su patio".
- Habla de las acciones de otros: "Papá está cortando el césped".
- Añade información a lo que se acaba de decir: "Sí, y después lo agarró otra vez".
- Responde adecuadamente preguntas sencillas.
- Hace cada vez más preguntas, en especial sobre la ubicación y la identidad de personas y cosas.
- Emplea una cantidad creciente de expresiones para mantener la conversación: "¿Y qué hizo después?" "¿Cómo fue que se escondió?".
- Llama la atención hacia sí mismo, objetos o cosas que suceden en su entorno: "Mira cómo vuela mi helicóptero".
- Sugiere a otros un comportamiento: "Saltemos al agua. Tú primero".
- Se suma a los rituales de la relación social: "Hola", "Adiós", "Por favor".
- Hace comentarios sobre objetos o cosas que están ocurriendo: "Hay una casa"; "El tractor está empujando un bote".
- El vocabulario ha aumentado; ahora utiliza entre trescientas y mil palabras.
- Recita canciones infantiles, canta.
- Su habla es comprensible la mayor parte del tiempo.
- Produce frases sustantivas compuestas: "perro grande, negro".

Cuenta en voz alta: 1, 2, 3, 4...

Hace preguntas sobre objetos conocidos y cosas que ocurren.

Emprende actividades de ficción.

- Produce verbos con terminaciones "-ndo"; utiliza "-s" para indicar más de uno.
- Indica la negación insertando "no" o "nada" después de un sustantivo o un verbo: "Bebé no".
- Contesta preguntas como "¿Qué estás haciendo", "¿Qué es eso?" y "¿Dónde?" referidas a objetos y hechos familiares.

Desarrollo social y personal

- Parece comprender la idea de turnarse, pero no siempre está dispuesto a hacerlo.
- Es amigable; se ríe con frecuencia; es fácil de conformar.
- Tiene pesadillas ocasionales y miedo a la oscuridad, los monstruos o el fuego.
- Se suma a juegos sencillos y actividades en grupo, a veces con vacilaciones.
- Habla solo con frecuencia.
- Utiliza simbólicamente los objetos durante el juego: un bloque de madera puede ser un camión, una rampa, un bate.
- Observa cómo juegan otros niños; puede sumarse durante un rato; a menudo juega en paralelo con otros niños.
- Defiende sus juguetes y posesiones; puede mostrarse agresivo en ocasiones, agarrando un juguete, golpeando a otro niño, escondiendo juguetes.
- Emprende juegos de ficción solo y con otros niños.
- Demuestra afecto a los niños más pequeños o a los que se lastiman.
- Se sienta y escucha relatos hasta diez minutos seguidos; no molesta a otros niños que estén escuchando un cuento y le fastidia que lo molesten a él.
- Puede continuar teniendo una manta especial, animal de felpa o juguete que le dé seguridad.

RUTINAS DIARIAS — TRES AÑOS

Comidas

- Apetito regular; prefiere que le sirvan poca cantidad. Le disgustan muchas verduras hervidas; come casi todo lo demás; nunca se le debería obligar a comer.
- Come solo independientemente si tiene hambre. Utiliza la cuchara de manera semiadulta; puede pinchar con el tenedor.
- Se entretiene, o juega con la comida, cuando no tiene apetito.
- Es capaz de verter leche y jugo sin derramar tanto; puede servirse porciones individuales de una fuente si se le indica ("Llénalo hasta la raya"; "Toma sólo dos cucharadas").
- Bebe mucha leche. (Asegúrese de que el niño no se llena de leche, excluyendo otros alimentos necesarios).

Ir al sanitario, bañarse, vestirse

- Se lava bastante bien en la bañera; con frecuencia se resiste a salir del agua.
- Se hace cargo de sus necesidades fisiológicas durante el día (los varones, especialmente, pueden continuar mojando los pantalones de día).
- Algunos duermen toda la noche sin mojar la cama; otros están en etapa de transición—puede que se mantengan secos toda la noche a lo largo de días o semanas, luego vuelven a mojarse de noche durante un período.
- Son más hábiles para desnudarse que para vestirse, aunque son capaces de ponerse algunas prendas.
- Más aptos para manejar botones grandes, broches de presión y cierres.

Descanso

- Por lo común duerme de diez a doce horas por la noche, despertándose entre las 7 y las 8 de la mañana; algunos niños están despiertos mucho más tiempo.
- Puede que no duerma siesta ya; sigue siéndole beneficioso un rato de reposo a medio día.
- Es capaz de prepararse para la cama. Ha abandonado muchos rituales de acostarse anteriores; aún necesita un cuento o canción y que lo arropen.
- Puede tener sueños que le hagan despertarse.
- Puede levantarse por la noche; se necesita una firmeza tranquila para llevarlo de vuelta a su cama.

continuación

Actividades de juego y sociales

- La edad de "yo también"; quiere que lo incluyan en todo.
- Juegos espontáneos en grupo durante períodos cortos; muy sociable; empieza a jugar de forma cooperativa.
- Puede discutir o pelear con otros niños; los adultos deberían dejar que los niños arreglen sus diferencias, a menos que haya amenaza de lesión física.
- Le encanta disfrazarse y las actividades de representación que implican actividades del trabajo cotidiano. Son fuertes los estereotipos de sexo y rol: "Los varones no pueden ser enfermeros".
- Responde bien a las opciones, mejor que a las órdenes: "¿Quieres ponerte el pijama antes o después del cuento?"
- Todavía le cuesta compartir, pero comienza a entender el concepto.

ACTIVIDADES DE APRENDIZAJE

Consejos a los padres y cuidadores:

- Permita que el niño cree usos nuevos para artículos domésticos cotidianos y cosas desechadas: una manta sobre una mesa para figurar una cueva; utensilios para jugar a cocinar; correo que no vale para hacer de cartero; manguera con un chorrito de agua para lavar el triciclo o el carrito; aceitera para el mantenimiento de los vehículos.
- Proporcione materiales para manipulaciones un poco más complejas: bloques para parquet, tableros con broches de muchos colores; artículos diversos para contar, clasificar y emparejar; juegos de construcciones con piezas ensamblables de tamaño mediano.
- Ofrezca materiales de arte y artesanías que alienten la experimentación: crayones, marcadores lavables, tiza, arcilla de modelar, tijeras de punta redonda, papel, cola de pegar, pinturas y pinceles grandes (es necesaria la supervisión).
- Tenga a mano un surtido abundante de libros sobre animales, familias, hechos cotidianos, actividades de deletrear y contar, poemas y rimas; continúe con las sesiones diarias de lectura.
- Haga visitas regulares a la biblioteca; deje bastante tiempo para que el niño escoja libros por su cuenta.
- Proporcione triciclos o juguetes similares para montar, que mejoran la destreza de coordinación vista-mano-pie al conducir y maniobrar; también carretilla y herramientas de jardinería, cochecito de muñecas, carrito de compras.
- Vaya de paseo con el niño, *al paso de él;* déjele suficiente tiempo para que explore, observe y coleccione piedras, hojas, semillas; nombre los objetos y hablen de ellos por el camino.

LLAMADAS DE ATENCIÓN

Consulte con un técnico en salud o un pediatra si, al cumplir los cuatro años, el niño *no:*

- Habla casi siempre de forma inteligible.
- Entiende y sigue órdenes e instrucciones simples.
- Dice su nombre y su edad.
- Gusta de jugar cerca de otros niños o con ellos.
- Emplea oraciones de tres o cuatro palabras.
- Hace preguntas.
- Continúa con una actividad durante tres o cuatro minutos; juega solo varios minutos seguidos.
- Salta en su lugar sin caerse.
- Mantiene el equilibrio sobre un pie, por lo menos brevemente.
- Ayuda a vestirse.

EL NIÑO DE CUATRO AÑOS

Cantidades inagotables de energía, rebosantes de ideas, desbordantes de charla y actividad—son las características típicas de la mayor parte de los niños de cuatro años. Los ataques de terquedad y las discusiones entre el niño y los padres o cuidadores pueden ser frecuentes. Los niños prueban los límites, practican la confianza en sí mismos y afirman una necesidad creciente de independencia; muchos son gritones, escandalosos, incluso peleadores. Agotan la paciencia de los adultos con frases sin sentido y bromas tontas, charla constante y preguntas interminables. Al mismo tiempo, tienen muchas cualidades encantadoras. Son entusiastas, se esfuerzan por ser útiles, tienen una imaginación viva y pueden hacer planes, hasta cierto punto: "Cuando lleguemos a casa, te hago un dibujo".

PERFILES DE DESARROLLO Y PATRONES DE CRECIMIENTO

Características físicas y crecimiento

- Aumenta aproximadamente de 2 a 2,5 kg por año; pesa, en promedio, de 14,5 a 18 kg.
- Crece entre 5 y 6,5 cm por año; su altura es de aproximadamente 102 a 114 cm.
- Los latidos del corazón (pulso) son, en promedio, entre 90 y 110 por minuto.
- El ritmo respiratorio varía entre veinte y treinta, según la actividad y el estado emocional.

Es afectuoso con niños más pequeños.

- La temperatura corporal está entre 36,6 y 37,4°C.
- La circunferencia craneana no se suele medir después de los tres años.
- Requiere unas 1.700 calorías diarias.
- La agudeza auditiva se puede evaluar por medio del empleo correcto de los sonidos y el lenguaje; también por las respuestas apropiadas del niño a preguntas e instrucciones.
- La agudeza visual es 20/30, medida con la tabla Snellen E.

Desarrollo motor

- Camina en línea recta (sobre una línea de cinta o de tiza trazada en el suelo).
- Avanza saltando en un pie.
- Pedalea y maneja con confianza un vehículo rodado; da vuelta en las esquinas, evita obstáculos y el "tráfico" de frente.
- Trepa por escaleras, árboles, equipos de patio de juegos.
- Salta sobre objetos de 12 a 15 cm de altura; cae sobre los dos pies.
- Corre, empieza, se para y sortea obstáculos con facilidad.
- Arroja una pelota por lo alto; la distancia y la puntería mejoran.
- Construye una torre de diez bloques o más.
- Modela figuras y objetos de arcilla; galletas, serpientes, animales sencillos.
- Reproduce algunas figuras y letras.
- Sostiene un crayón o marcador utilizando el asimiento de trípode.
- Pinta y dibuja con intención; tal vez tenga una idea, pero con frecuencia se le hace difícil ponerla en práctica, de modo que le pone otro nombre a su creación.
- Atina mejor al golpear clavos y clavijas con un martillo.
- Enhebra cuentas pequeñas de madera en una cuerda.

Camina en línea recta.

Desarrollo cognoscitivo y de la percepción

- Apila por lo menos cinco cubos en gradación de mayor a menor; construye una pirámide de seis bloques.
- Indica si las parejas de palabras suenan igual o distinto: *boca/bota, perra/pera.*
- Hacia el final de este año, puede nombrar de dieciocho a veinte letras mayúsculas y escribir varias; escribir su nombre; reconocer algunas palabras impresas (sobre todo las que tienen significado especial para el niño).

Reproduce figuras y letras.

Contesta a preguntas de "cuántos".

- Unos cuantos niños comienzan a leer libros sencillos, como los abecedarios con unas pocas palabras por página y muchas ilustraciones.
- Le gustan los relatos sobre cómo crecen y cómo funcionan las cosas.
- Le encantan los juegos de palabras, crear frases tontas.
- Entiende los conceptos de "el más alto", "el más grande", "igual" y "más"; elige el dibujo que tiene "más casas" o "los perros más grandes".
- Cuenta de corrido hasta 20 o más.
- Comprende la secuencia de los hechos cotidianos: "Cuando nos levantamos por la mañana, nos vestimos, desayunamos, nos cepillamos los dientes y vamos a la escuela".
- Al mirar ilustraciones, puede reconocer e identificar las partes que faltan en un rompecabezas (de una persona, automóvil, animal).

Desarrollo del habla y el lenguaje

- Utiliza las preposiciones "sobre", "dentro de" y "debajo de".
- Emplea los posesivos coherentemente: "nuestro", "mis", "del bebé".
- Contesta a preguntas sobre "¿De quién?", "¿Quién?", "¿Por qué?" y "¿Cuántos?"
- Produce estructuras complejas: "El gato se metió debajo de la casa y no pude ver de qué color era".
- Su lenguaje es casi totalmente inteligible.
- Comienza a usar correctamente el pasado de los verbos: "Mamá cerró la puerta", "Papá vino del trabajo".
- Se refiere a actividades, hechos, objetos y personas que no están presentes.
- Modifica el tono de voz y la estructura de la oración para adaptarse al nivel de comprensión del oyente: Al hermano menor, "¿Leche toda?" A la madre, "¿El bebé se tomó toda la leche?"
- Dice su nombre y apellido, su sexo, los nombres de los hermanos y a veces su número de teléfono.

- Contesta apropiadamente cuando se le pregunta qué hacer si se está cansado, con frío o con hambre.
- Recita y canta canciones y rimas sencillas.

Desarrollo personal y social

- Es abierto, amistoso; a veces, excesivamente entusiasta.
- Cambia de humor de forma rápida e impredecible; se ríe y llora al minuto siguiente; puede tener un berrinche por frustraciones sin importancia (una estructura de bloques que no se tiene en pie); se enfurruña cuando no se lo incluye en algo.
- Son comunes los compañeros de juegos o camaradas imaginarios; mantiene conversaciones y comparte fuertes emociones con este amigo invisible.
- Hace alardes, exagera y "tuerce" la verdad con historias inventadas o pretensiones de audacia; prueba hasta dónde puede llegar con las palabras "de baño".
- Colabora con otros; participa en actividades en grupo.
- Muestra orgullo por sus logros; busca la aprobación frecuente de los adultos.
- A menudo parece egoísta; no siempre es capaz de respetar los turnos o de comprender la idea de turnarse en ciertas condiciones; "acusa" a otros niños.
- Insiste en intentar hacer las cosas independientemente, pero puede frustrarse casi hasta el berrinche cuando surgen problemas: pintura que gotea, un avión de papel que no se pliegue bien.
- Le agradan las actividades de ficción y de representar un papel.
- Confía (casi todo el tiempo) en la agresión verbal más que física; puede chillar airadamente en vez de golpear para demostrar sus razones; amenaza: "No puedes venir a mi cumpleaños".
- A menudo emplea insultos y provocaciones como forma de excluir a otros niños.
- Establece relaciones estrechas con compañeros de juegos; empieza a tener un "mejor" amigo.

Juega cooperando con otros.

Se enorgullece de sus logros.

RUTINAS DIARIAS — CUATRO AÑOS

Comidas

- El apetito fluctúa entre muy bueno y regular.
- Es posible que le disgusten algunos alimentos y los rechace hasta llorar si se le insiste (las presiones de este tipo pueden causar graves conflictos entre el adulto y el niño).
- Utiliza todos los utensilios de la mesa; es bastante hábil para extender jalea o mantequilla de maní o para cortar alimentos blandos, como el pan.
- Intenta hablar y comer al mismo tiempo; por lo común gana el hablar.
- Le gusta ayudar a preparar la comida, volcar ingredientes ya medidos, lavar verduras, poner la mesa.

Ir al sanitario, bañarse, vestirse

- Se hace cargo de sus propias necesidades fisiológicas; con frecuencia pide privacidad en el baño.
- Se baña y lava los dientes de forma aceptable, pero debería recibir ayuda (o una inspección disimulada) regularmente por parte de los adultos.
- Se viste, es capaz de atarse los cordones, abotonarse, ponerse el cinturón. Se siente frustrado si tiene dificultades al vestirse, aunque rehusa tercamente a recibir la ayuda que necesita de los adultos.
- Puede clasificar y doblar su ropa limpia, guardar su ropa, colgar las toallas, arreglar su habitación; sin embargo, se distrae con facilidad.

Descanso

- El promedio es de diez a doce horas de sueño nocturno; puede dormir siesta todavía.
- La hora de acostarse no suele causar problemas si se señala con claves, y no órdenes: cuando termine el cuento, cuando las agujas del reloj estén en cierta posición.
- Algunos niños tienen miedo de la oscuridad, pero por lo común todo lo que se necesita es dejar una luz encendida en el vestíbulo.
- Si se levanta para ir al baño tal vez requiera que se le ayude a volverse a dormir.

Actividades de juego y sociales

- Los compañeros de juegos son importantes; juega de forma cooperativa parte del tiempo; tal vez sea "mandón".

continuación

- Respeta turnos; comparte (la mayor parte del tiempo); quiere estar con niños cada minuto que está despierto.
- Necesita (y busca) la aprobación y atención del adulto; puede comentar "Mira lo que hice".
- Comprende y necesita límites (pero no demasiado estrictos); obedece las reglas la mayor parte del tiempo.
- Hace ostentación de sus posesiones; alardea; se jacta de los miembros de su familia.

ACTIVIDADES DE APRENDIZAJE

Consejos a los padres y cuidadores:

- Intervengan en juegos sencillos de cartas o de tablero (lotería de dibujos, Candyland) que dependan de la suerte, no de la táctica; el énfasis debería estar en jugar, no en ganar. (Aprender a ser un "buen perdedor" no vendrá hasta mucho más tarde).
- Proporcione rompecabezas de cinco a diez piezas (el número dependerá del niño), juegos de números y letras, juegos de emparejar, como una lotería con más detalles.
- Ofrezca diversas clases de materiales sencillos para matemáticas y ciencias: regla, brújula, lupa, balanza simple; actividades, como coleccionar hojas, criar gusanos, cultivar semillas.
- Exprese su apreciación (e intervenga a veces) cuando el niño recite espontáneamente con rima o ritmo, haga nombres tontos, bromas o adivinanzas.
- Continúe con el tiempo de lectura diaria en voz alta; anime al niño a que ponga palabras o frases, a que adivine *lo que viene después,* a que recuente la historia (o una parte); introduzca la idea de "buscar" en un diccionario o enciclopedia sencilla de dibujos; vayan regularmente a la biblioteca, dejándole tiempo de sobra para que elija libros.
- Favorezca todo tipo de actividad enérgica al aire libre; juegos con agua en el regador o en una piscina de plástico (*la piscina requiere la presencia de un adulto*); ofrezca, sin presionar, enseñarle a nadar, dar volteretas o bailar.

LLAMADAS DE ATENCIÓN

Consulte a un técnico en salud o a un pediatra si, al cumplir los cinco años, el niño *no:*

- Dice su nombre completo.
- Reconoce figuras simples: círculo, cuadrado, triángulo.
- Atrapa una pelota grande cuando rebota.
- Habla como para que le entiendan los extraños.
- Controla bien la postura y el movimiento.
- Avanza saltando sobre un pie.
- Parece interesado por su entorno y responde a éste.
- Reacciona a las afirmaciones sin pedir constantemente que se le repitan.
- Se viste con un mínimo de ayuda de adultos; maneja botones y cierres.
- Se hace cargo de sus necesidades fisiológicas; tiene buen dominio de su intestino y su vejiga, con accidentes poco frecuentes.

EL NIÑO DE CINCO AÑOS

Más dueños de sí mismos, tanto en lo físico como en lo emocional, la mayoría de los niños de cinco años parecen pasar por un período de relativa calma. El niño es amistoso y abierto buena parte del tiempo y va adquiriendo confianza en sí mismo y responsabilidad. El mundo se está ampliando más allá del hogar y la familia y la guardería. Los amigos y las actividades en grupo son de importancia capital.

La práctica constante y el dominio de habilidades en todas las áreas de desarrollo son el foco principal del niño de cinco años. Sin embargo, esta búsqueda de la maestría, junto con un alto nivel de energía y una gran confianza en sí mismo, puede llevar a accidentes. Las ganas de hacer cosas y explorar a menudo obstaculizan la capacidad de prever el peligro o las consecuencias potencialmente desastrosas. Por lo tanto, la seguridad del niño y la prevención de accidentes debe ser una preocupación principal de los padres y cuidadores. Al mismo tiempo, las inquietudes de los adultos deben manejarse de tal modo que no afecten el sentido de competencia y autoestima del niño.

**Puede que empiecen a
caérsele dientes.**

PERFILES DE DESARROLLO Y PATRONES DE CRECIMIENTO

Características físicas y crecimiento

- Aumenta unos 2 a 2,5 kg por año; pesa un promedio de entre 17 y 20,5 kg.
- Crece, en promedio, 5 a 6,5 cm por año; su altura es aproximadamente 107 a 117 cm.
- Los latidos del corazón (pulso) son aproximadamente 90 a 110 por minuto.
- El ritmo respiratorio va de veinte a treinta, según la actividad y el estado emocional.
- La temperatura corporal está estabilizada entre 36,6° y 37,4°C.
- El tamaño de la cabeza es aproximadamente igual al de un adulto.
- Puede empezar a perder los dientes "de leche" (caedizos).
- Las proporciones del cuerpo son como las del adulto.
- Requiere aproximadamente 1.800 calorías diarias.
- La agudeza visual es 20/20 según la tabla Snellen E.
- El seguimiento con la vista y la **visión binocular** están bien desarrollados.

Desarrollo motor

- Camina hacia atrás, juntando un talón a la punta del otro pie.
- Sube y baja las escaleras sin ayuda, alternando los pies.
- Puede aprender a dar vueltas de carnero (debería enseñársele a hacerlo bien para que no se lastime).
- Puede tocarse las puntas de los pies sin doblar las rodillas.

Mantiene el equilibrio
sobre uno u otro pie.

Construye estructuras imitando modelos.

---

visión binocular—*Los dos ojos funcionan juntos, enviando una sola imagen al cerebro.*

- Camina por una barra para equilibrio.
- Aprende a saltar usando los pies alternadamente.
- Atrapa una pelota lanzada desde un metro de distancia.
- Monta un triciclo u otro vehículo rodado con velocidad y buen manejo; algunos niños aprenden a montar en bicicleta, por lo común con rueditas auxiliares.
- Avanza saltando en dos pies o en uno diez veces seguidas sin caerse.
- Mantiene el equilibrio sobre uno u otro pie con buen dominio durante diez segundos.
- Construye estructuras tridimensionales con cubos pequeños copiando de un dibujo o·modelo.
- Reproduce muchas figuras y letras: cuadrado, triángulo, *A, I, O, U, C, H, L, T.*
- Muestra bastante dominio del lápiz o marcador; puede empezar a colorear dentro de un contorno.
- Corta por la línea con tijeras (no perfectamente).
- El predominio de una mano está bastante bien establecido.

Desarrollo cognoscitivo y de la percepción

- Forma un rectángulo con dos triángulos recortados.
- Construye escalones con un conjunto de bloques pequeños.
- Comprende los conceptos de *igual* forma, *igual* tamaño.
- Clasifica objetos basándose en dos dimensiones, como color y forma.
- Clasifica un surtido de objetos de modo que todos los del grupo tengan una sola característica común (capacidad de clasificación: todos son comestibles, o barcos, o animales).
- Comprende los conceptos de más pequeño y más corto; coloca objetos en orden del más corto al más largo, del menor al mayor.

Corta siguiendo una línea, aunque no a la perfección.

Participa en juegos complicados de ficción.

Identifica y nombra por lo menos cuatro colores

- Identifica objetos por su posición específica en una serie: primero, segundo, último.
- Cuenta de corrido hasta 20 y más; muchos niños cuentan hasta 100.
- Reconoce los números del 1 al 10.
- Comprende el concepto de menos que: "¿Qué tazón tiene menos agua?"
- Entiende los términos *oscuro, claro* y *temprano*: "Me levanté temprano, antes que nadie. Todavía estaba oscuro".
- Relaciona la hora del reloj con el programa diario: "Es hora de encender el televisor cuando la aguja pequeña está en las 5".
- Algunos niños son capaces de leer la hora: las cinco, las dos.
- Sabe para qué sirve un calendario.
- Reconoce e identifica las monedas; comienza a contar y guardar dinero.
- Muchos niños saben el alfabeto y reconocen las letras mayúsculas y minúsculas.
- Comprende el concepto de mitad; puede decir cuántos pedazos tiene un objeto partido en dos.
- Hace innumerables preguntas: ¿Por qué? ¿Qué? ¿Dónde? ¿Cuándo?
- Ansioso de aprender cosas nuevas.

Desarrollo del habla y el lenguaje

- Vocabulario de 1.500 palabras o más.
- Cuenta una historia conocida mientras mira las ilustraciones del libro.
- Define palabras sencillas por su función: una pelota es para que rebote; una cama es para dormir.

- Identifica y nombra de cuatro a ocho colores.
- Reconoce el humor en chistes sencillos; hace bromas y adivinanzas.
- Produce oraciones de cinco a siete palabras; las construcciones mucho más largas no son infrecuentes.
- Dice el nombre de su propio pueblo o ciudad, su cumpleaños y los nombres de sus padres.
- Contesta bien el teléfono; llama a la persona al teléfono o toma un mensaje breve.
- Habla de manera casi totalmente inteligible.
- Emplea el condicional adecuadamente.
- Utiliza los pasados de los verbos irregulares siempre: "fui", "tuvo", "vinimos".
- Utiliza las desinencias correctas para los verbos regulares: "saltaron", "llovió", "lavaste".

Desarrollo social y personal

- Le gustan las amistades; a menudo tiene uno o dos compañeros de juego especiales.
- Suele ser generoso: comparte los juguetes, respeta turnos, juega cooperando (con excepciones ocasionales).
- Participa en juegos en grupo y actividades compartidas con otros niños; sugiere ideas imaginativas y complicadas para jugar.
- Es afectuoso y se preocupa, sobre todo por los niños más pequeños o lastimados y los animales heridos.
- Por lo general hace lo que le piden sus padres o cuidadores; sigue instrucciones y cumple sus responsabilidades la mayor parte del tiempo.
- Continúa necesitando el consuelo y la seguridad de los adultos, pero puede que sea menos abierto para buscarlo y aceptarlo.
- Tiene mejor dominio de sí mismo; menos cambios bruscos de emociones.
- Le gusta contar chistes, entretener y hacer reír a la gente.
- Hace alarde de sus logros.

RUTINAS DIARIAS — CINCO AÑOS

Comidas

- Come bien, pero no en todas las comidas.
- Le gusta la comida conocida; prefiere crudas la mayoría de las verduras.
- Con frecuencia le disgustan las mismas cosas que a los miembros de la familia y cuidadores.
- "Prepara" su desayuno (se sirve el cereal, saca la leche y el jugo) y el almuerzo (unta pan con mantequilla de maní y mermelada).

continuación

Ir al sanitario, bañarse, vestirse

- Se responsabiliza totalmente de sus necesidades fisiológicas; puede ser que posponga la ida al baño hasta que ocurra un accidente, o casi.
- Se baña con bastante independencia, pero necesita ayuda para empezar.
- Se viste completamente solo; aprende a atarse los zapatos, a veces se da cuenta cuando la ropa está al revés.
- Es descuidado con la ropa; la deja repartida por ahí; necesita que se le recuerde muchas veces que la recoja.
- Usa papel para sonarse, pero a menudo de forma descuidada o incompleta; se olvida de tirar el papel.

Descanso

- Maneja de manera independiente todas las rutinas de acostarse; es capaz de ayudar en la rutina de acostar a un hermano menor.
- Duerme un promedio de diez u once horas por noche. El niño de cinco años puede que duerma siesta aún.
- Los sueños y pesadillas son comunes.
- Con frecuencia tarda en dormirse si el día ha sido especialmente excitante o si hay programados para el siguiente acontecimientos largamente esperados.

Actividades de juego y sociales

- Ayuda y coopera en la realización de tareas y rutinas de la familia.
- Es algo rígido en cuanto al modo "correcto" de hacer algo y las respuestas "correctas" a las preguntas.
- Tiene miedo de que la madre no vuelva; muy encariñado con el hogar y la familia; deseoso, hasta cierto punto, de aventuras, pero quiere que la aventura empiece y termine en el hogar.
- Juega bien con otros niños, pero tres puede que sean demasiados: dos niños de cinco años suelen excluir al tercero.
- Muestra cariño y protección hacia un hermano menor; puede sentirse desbordado a veces, si el pequeño exige demasiada atención.

LOS NIÑOS DE 5 AÑOS

ACTIVIDADES DE APRENDIZAJE

Consejos a los padres y cuidadores:

- Proporcione materiales baratos (papel de computadora, muestrarios de papel de empapelar, muestras de pintura, retazos de tela) para cortar, pegar, pintar, colorear, plegar; disponga cosas como telares sencillos para tejer, actividades de costura sencilla, cuentas más pequeñas para enhebrar, restos de madera y herramientas para una carpintería elemental.

- Continúe reuniendo ropa para disfrazarse y otros materiales de utilería que permitan representar con más detalle papeles de la familia o los oficios; hagan visitas y hablen sobre las actividades de la comunidad—construcción de casas, recogida del correo, mercado de productos frescos; fomente el juego con títeres; ayude a crear un escenario (una caja recortada funciona bien).
- Utilice una variedad de libros para ayudar al niño a aprender las muchas alegrías que dan y lo útiles que son los libros en la vida diaria; siga leyendo en voz alta, regular y frecuentemente.
- Fomente el interés creciente en los juegos de papel y lápiz y los de reconocimiento de números, letras y palabras que el niño inventa con frecuencia, pero que tal vez requieran ayuda de un adulto para ponerlos en práctica.
- Planifique experiencias de cocina que permitan al niño picar verduras, estirar masa de galletas, medir, mezclar y remover.
- Ayude a preparar juegos improvisados con un blanco, que fomenten la coordinación entre vista y manos: lanzar bolsitas de frijoles, bolos, lanzar aros, meter pelotas en cestas bajas o por aros; asegúrese de que haya oportunidades para juegos enérgicos: juguetes con ruedas; gimnasios "de selva" y barras paralelas; cavar, rastrillar y transportar.

LLAMADAS DE ATENCIÓN

Consulte con un técnico en salud o un pediatra si, al cumplir los seis años, el niño *no:*

- Alterna los pies al subir o bajar escaleras.
- Habla con voz moderada; ni demasiado fuerte ni demasiado débil, ni muy aguda ni muy grave.
- Sigue instrucciones sencillas en el orden dado: "Por favor, ve a la alacena, saca una taza y tráemela".
- Emplea cuatro o cinco palabras con una sintaxis aceptable.
- Corta con tijeras por la línea.
- Permanece sentado quieto y escucha un cuento entero (cinco a siete minutos).
- Mantiene contacto visual cuando se le habla (a menos que se trate de una prohibición cultural).
- Juega bien con otros niños.
- Realiza la mayor parte de las tareas de aseo personal independientemente: cepillarse los dientes, lavarse las manos y la cara.

Pruebe sus conocimientos

PREGUNTAS DE REVISIÓN

1. Enumere tres capacidades motrices que aparecen entre los dos y los cinco años de edad.

    a.

    b.

    c.

2. Dé un ejemplo de capacidad personal y social típica de cada una de las edades siguientes.

    a. tres años:

    b. cuatro años:

    c. cinco años:

3. Enumere tres capacidades importantes de habla y lenguaje, en el orden en que aparecen, entre los tres y los cinco años de edad.

    a.

    b.

    c.

VERDADERO O FALSO

1. El crecimiento es lento y sostenido durante la mayor parte de los años preescolares.

2. La dentadura de leche suele estar completa a los tres o cuatro años de edad.

3. Típicamente, el control de la vejiga se logra entre los tres y los cinco años.

4. Es característico del preescolar mayor que duerma entre quince y dieciocho horas por la noche.

5. Las frases y chistes tontos (es decir, tontos para los adultos) parecen ir a la par del desarrollo de las capacidades lingüísticas en la edad preescolar.

6. Los compañeros imaginarios de juegos son comunes entre los preescolares.

7. Es normal que fluctúe el apetito durante los años preescolares.

8. Los adultos no necesitan preocuparse por la seguridad y la prevención de accidentes porque los preescolares han aprendido a ser cautelosos.

9. Es muy raro que los niños de cinco años tengan sueños o pesadillas.

10. Definir los nombres por su función (lo que hace el objeto) es característico del preescolar mayor: "Un avión es para volar", "Los libros son para leer".

OPCIÓN MÚLTIPLE   *Seleccione una o más respuestas correctas de la lista siguiente.*

1. ¿Cuál de las siguientes podría ser causa de preocupación si un niño de tres años no lo hace?

   a. hablar con suficiente claridad como para que se le entienda la mayor parte del tiempo.

   b. decir su nombre.

   c. utilizar tijeras para recortar figuras con precisión.

2. ¿Cuál de las siguientes podría ser preocupante si un niño de cuatro años no lo hace?

   a. avanzar saltando en un pie.

   b. escribir con mayúsculas todas las letras del alfabeto de forma legible.

   c. vestirse con ayuda sólo ocasional del padre o cuidador.

3. ¿Cuál de las siguientes podría ser causa de preocupación si un niño de cinco años no lo hace?

   a. escuchar un cuento durante cinco minutos.

   b. formar una frase aceptable empleando cuatro o cinco palabras.

   c. alternar los pies al subir o bajar escaleras.

4. ¿Cuál de las siguientes describe a la mayoría de los preescolares saludables?

   a. ansioso por averiguarlo todo sobre cada cosa que encuentran.

   b. las capacidades intelectuales y de vocabulario se amplían con rapidez.

   c. se conforma con estar cerca de los adultos; no está muy dispuesto a emprender actividades con otros niños.

5. ¿Qué expectativas con respecto a los preescolares no son realistas?

   a. que expliquen por qué hicieron algo inconveniente.

   b. que se responsabilicen del cuidado y la seguridad de hermanos menores.

   c. que contesten el teléfono con amabilidad.

CAPÍTULO 7

EL NIÑO DE ESCUELA PRIMARIA

SEIS, SIETE Y OCHO AÑOS

El período que sigue a los años de preescolar tiene una importancia especial. Los niños se encuentran en una etapa de integración del desarrollo en la que organizan y combinan diversas capacidades para lograr tareas cada vez más complejas. A esta edad, tanto los niños como las niñas están aprendiendo a hacerse cargo de sus propias necesidades—bañarse, vestirse, ir al sanitario, comer, levantarse a la mañana y prepararse para la escuela. Respetan las normas familiares sobre los horarios de las comidas, la televisión y las necesidades de privacidad de los demás. Pueden llevar recados y tener responsabilidades sencillas en casa y en la escuela. En otras palabras, estos niños ejercen control sobre sí mismos y sobre el mundo que los rodea. Pero por encima de todo, los niños de seis, siete y

Comprende las normas familiares con respecto a la televisión.

ocho años están listos para ir a la escuela y desean hacerlo, incluso cuando sientan un poco de aprensión al momento de concurrir. Ir a la escuela les produce ansiedades, como el llegar a horario, el recordar traer las cosas solicitadas y el volver solos a casa o a la guardería después de la escuela.

Aprender a leer es la tarea perceptiva más compleja con la que se encuentra el niño durante los años posteriores al preescolar. Esto se debe a que implica reconocer los símbolos visuales de las letras y asociarlos con los sonidos emitidos. Además, significa que el niño debe aprender a combinar las letras para construir palabras y debe juntar tales palabras para construir pensamientos inteligibles que puedan leerse o emitirse. Pero, a pesar de su complejidad, la mayoría de los niños de entre seis y ocho años comienzan a leer con tanta destreza que no se reconoce el verdadero valor de la capacidad.

Las actividades sensoriales constituyen un factor esencial para todos los aprendizajes de los niños pequeños. Los jardines de infantes y las escuelas primarias preocupados por el desarrollo tienen en cuenta este factor. Por eso, enfatizan las experiencias sensoriales estimulando a los niños a manipular diferentes clases de materiales—bloques, rompecabezas, pinturas, goma de pegar, papel y los materiales que encuentren: arena, agua y tierra, así como instrumentos musicales y de medición. También proporcionan muchas oportunidades para desarrollar proyectos, como, por ejemplo, de cocina, de jardinería, de carpintería y de teatro. La "National Association for the Education of Young Children" (NAEYC, Asociación nacional para la educación de los niños pequeños) aprueba el enfoque práctico de la educación, tanto de los niños de seis, siete y ocho años como de los menores. La filosofía se presenta claramente en las *"Developmentally Appropriate Practices"* (DAP, Prácticas del desarrollo adecuadas) de los *"Early Childhood Programs Serving Children from Birth through Eight"* (Programas para la primera infancia útiles para niños desde el nacimiento hasta los ocho años) del NAYEC.

El juego continúa siendo una de las actividades más importantes para estimular el desarrollo cognoscitivo en las etapas tempranas. Además, constituye una ruta muy importante para fomentar el desarrollo tanto social como de todas las demás capacidades. La mayoría de los niños de seis, siete y ocho años juegan bien con otros niños, en especial si el grupo no es demasiado grande. Tienen mucho interés en hacer amigos, en ser amigo y en tener amigos. Al mismo tiempo, pueden pelearse, dar órdenes y excluir a los demás: "Si juegas con Laura, no eres más *mi* amiga." Algunos niños demuestran bastante agresión, aunque, con frecuencia, ésta tiende a ser verbal, a lastimar los sentimientos, y no a causar un daño físico. Los amigos, en general, son compañeros de juego con los que el niño tiene un acceso fácil mediante el vecindario o la escuela. Suelen definirlos como una persona "divertida", "linda", "fuerte" o que "se porta bien." A esta edad, la amistad se establece con facilidad y se abandona con rapidez; pocas son estables o duraderas.

Durante los años de escuela primaria, muchos niños parecen estar prácticamente conducidos por la necesidad de hacer todo bien. Por otro lado, les gustan los desafíos y finalizar tareas. También les gusta realizar productos reconocibles y participar de actividades organizadas. La mayoría de estos niños disfrutan estos primeros años de escuela. Se sienten cómodos consigo mismos, con sus padres y con sus docentes.

Los niños de la escuela primaria tienden a jugar bien juntos.

EL NIÑO DE SEIS AÑOS

Para los niños de seis años comienzan a aparecer muchas aventuras nuevas y apasionantes, a medida que la coordinación mejora y que aumentan en tamaño y en fuerza. Con frecuencia se enfrentan a nuevos desafíos con una mezcla de entusiasmo y frustración. Es muy común que para estos niños sea difícil hacer elecciones y que, por momentos, se sientan agobiados por situaciones poco familiares. Al mismo tiempo, los cambios de sus capacidades cognoscitivas les permiten ver que las normas son útiles para comprender las situaciones diarias y el comportamiento de los demás.

Para muchos niños, este período también marca el comienzo de la enseñanza formal y orientada hacia el sujeto (nótese que muchos educadores de niños en edad temprana consideran que estas actividades formales académicas son inadecuadas para el desarrollo). Pueden aparecer problemas en el comportamiento o señales de tensión como tics, el morderse las uñas o la incontinencia a la noche. Generalmente, esto ocurre a medida que los niños se familiarizan con las expectativas y las responsabilidades nuevas relacionadas con ir a la escuela. A pesar de la confusión y de tantos intentos (tanto para los niños como para los adultos), la mayoría de los niños de seis años viven muchos buenos momentos marcados por una curiosidad intensa, muchas ganas de aprender, un excelente sentido del humor y numerosos arrebatos de cariño y buenos deseos.

PERFILES DEL DESARROLLO Y PATRONES DEL CRECIMIENTO

Características físicas y del desarrollo

- El crecimiento es lento pero constante.
- La altura aumenta entre 5 y 7,5 cm por año: las niñas miden entre 105 y 115 cm y los niños, entre 110 y 117,5 cm.
- El peso aumenta entre 2,3 a 3,2 kg por año: las niñas pesan entre 19,1 y 22,3 kg y los niños, entre 17,3 y 21,4 kg.
- El aumento de peso refleja un incremento importante de la masa muscular.
- La frecuencia de los latidos del corazón (80 latidos por minuto) y de la respiración (18 a 28 respiraciones por minuto) es similar a la de los adultos, aunque varía con la actividad físicas.
- El cuerpo adquiere una apariencia desgarbada cuando los huesos de los brazos y de las piernas inician la fase de crecimiento rápido.
- Pierden los dientes de leche (caducos); salen los dientes permanentes (secundarios), primero salen los dos dientes frontales superiores, las niñas suelen cambiarlos antes que los niños.
- La agudeza visual debe ser de 20/20, los niños con 20/40 o menos deben someterse a una evaluación profesional.
- Es común la hipermetropía, que, con frecuencia, se debe a un desarrollo inmaduro del globo ocular (de la forma).
- Los rasgos faciales comienzan a adquirir su apariencia adulta.
- Necesita, aproximadamente, entre 1.600 y 1.700 calorías por día.

Desarrollo motor

- Ha aumentado la fuerza muscular; por lo general, los niños son más fuertes que las niñas de similar contextura física.
- Ha adquirido más control sobre la motricidad gruesa y fina, los movimientos son más precisos y deliberados, aunque aún tienen cierta torpeza.
- Disfruta de la actividad física enérgica: correr, saltar, treparse a lugares y arrojar objetos.
- Está en constante movimiento, incluso cuando trata de sentarse quieto.
- Ha mejorado su destreza y la coordinación entre ojos y manos, lo que, junto con el progreso del desarrollo motor, facilita el aprendizaje necesario para andar en bicicleta, nadar, manejar un bate de béisbol o patear una pelota.
- Disfruta de los proyectos relacionados con el arte: le gusta pintar, moldear con arcilla, "fabricar cosas", dibujar y colorear, trabajar con madera.
- Escribe los números y las letras con diferentes niveles de precisión e interés; es posible que inviertan o confundan ciertas letras: *b/d, p/g, g/q, t/f.*
- Dibuja líneas alrededor de la mano y de otros objetos.
- Dobla y corta papel para crear formas sencillas.
- Se ata los zapatos (lo que aún constituye una dificultad para algunos niños).

**Aprender a andar en bicicleta
constituye un logro muy importante.**

Desarrollo perceptivo y cognoscitivo

- Aumenta la duración de la atención, desarrolla tareas por períodos de tiempo mayores, aunque la concentración no siempre es estable.
- Comprende conceptos, tales como los marcadores de tiempo sencillos (hoy, mañana, ayer) o sencillos conceptos de movimiento (los autos andan más rápido que las bicicletas).
- Reconoce tanto las estaciones y las vacaciones más importantes como las actividades relacionadas con ellas.
- Le encantan los desafíos que ofrecen los rompecabezas, las actividades en que debe contar y elegir, los laberintos de lápiz y papel y los juegos en que debe unir letras y palabras con dibujos.
- Reconoce algunas palabras al verlas; intenta reconocerlas (es posible que algunos niños puedan leer bien a estas alturas).
- Identifica las monedas más comunes: las de 1 centavo, las de 5, las de 10 y las de 15.

"Ésta es mi mano izquierda".

- Puede mostrar y mencionar prácticamente sin equivocarse la mano derecha y la izquierda.
- Tiene determinadas creencias relacionadas con la magia o la fantasía: que el ratoncito Pérez cambia una moneda por un diente, que Papá Noél trae regalos.
- Llega a cierto entendimiento de la muerte y del hecho de morir, con frecuencia tiene miedo a la muerte de los padres, especialmente de la madre.

Desarrollo del habla y del lenguaje

- Le encanta hablar, muchas veces sin parar; se puede describir como un parlanchín.
- Puede mantener conversaciones como un adulto, hace muchas preguntas.
- Aprende entre cinco y diez palabras por día, su vocabulario está formado por entre diez mil a catorce mil palabras.
- Utiliza los tiempos verbales, el orden de las palabras y la estructura de la oración correctamente.
- Utiliza el lenguaje para expresar su enojo en lugar de hacerlo mediante un berrinche o una agresión física: "¡Esto es mío! Devuélvemelo, tonto."
- Habla consigo mismo utilizando los pasos necesarios para las situaciones sencillas en las que debe solucionar un problema (aunque su "lógica" puede no ser muy clara para los adultos).
- Imita la jerga y las malas palabras, le causa mucha gracia el lenguaje referido al "baño".
- Le encanta decir bromas y acertijos; con frecuencia, su humor no es nada delicado.
- Le gusta que le lean cuentos e inventar historias.
- Es capaz de aprender más de un idioma, lo hace de una manera muy espontánea en una familia bilingüe o políglota.

Le encanta decir tonterías e inventar bromas.

Desarrollo personal y social

- Experimenta cambios de carácter repentinos: puede ser "el mejor de los amigos", y, al minuto siguiente, "el peor de los enemigos" puede ser cariñoso un día y poco servicial y fastidioso el otro, es especialmente impredecible hacia la madre o hacia el cuidador más importante.
- Se vuelve menos dependiente de los padres a medida que aumenta el número de amistades; aún necesita de la cercanía y de la crianza y, sin embargo, necesita independizarse y "crecer".
- Desea agradar; necesita la aprobación, la seguridad y el elogio de los adultos y los busca; es posible que se queje demasiado por lesiones leves para llamar la atención.
- Sigue centrándose en sí mismo (es egocéntrico); aún ve los hechos casi completamente desde su propia perspectiva: considera que todas las cosas y todas las personas están allí para beneficiarlo.
- Se decepciona y se siente frustrado con facilidad cuando percibe sus fracasos.
- No tolera que lo corrijan o perder en los juegos; con frecuencia "pierde el control" de sí mismo: puede estar de mal humor, llorar, negarse a jugar o reinventar normas que sirvan a sus propósitos.
- Demuestra entusiasmo y curiosidad acerca de lo que le rodea y de los hechos cotidianos.
- Comprende poco o nada el comportamiento ético o las normas morales; con frecuencia miente, engaña o "roba" objetos ajenos.
- Sabe cuándo se ha portado mal; los valores del "bien" y el "mal" se basan en las expectativas y las normas de los padres y maestros.
- Puede sentir cada vez más miedo a las tormentas, a la oscuridad, a los ruidos no identificados, a los perros y otros animales.

LOS NIÑOS DE SEIS AÑOS

RUTINAS DIARIAS — SEIS AÑOS

Comidas

- En general, goza de buen apetito; con frecuencia se sirve raciones grandes que puede terminar. Es posible que se salte una comida ocasional; con frecuencia la reemplaza después.
- El deseo de probar comidas nuevas es impredecible; posee preferencias de comidas marcadas y está seguro de lo que no le gusta.
- El comportamiento a la hora de comer no es adecuado a los ojos de los adultos; es posible que vuelva a utilizar los dedos para hacerlo o que se introduzca bocados demasiado grandes; sigue volcando la leche o ensuciándose el regazo.
- Le es difícil utilizar el cuchillo para cortar la comida y el tenedor para otra cosa que no sea separarla.

continuación

- Le es difícil permanecer sentado durante toda la comida; se menea y se revuelve, se levanta (o se "cae") de la silla, tira los utensilios.

Ir al sanitario, bañarse, vestirse

- Se niega a bañarse; pone muchas excusas para retrasar o evitar el baño completo.
- Controla las rutinas del baño sin demasiada ayuda; a veces está tan apurado o espera tanto tiempo que ocurren "accidentes".
- Puede volver a ensuciar o a mojar los pantalones durante las primeras semanas de escuela.
- En general, duerme toda la noche sin necesidad de levantarse para ir al baño. *Nota:* Algunos niños, en especial los varones, pueden mojar la cama durante otro año aproximadamente.
- Es descuidado sobre la higiene de las manos y el cuerpo y sobre otras rutinas de su propio cuidado; necesita supervisión y demostraciones frecuentes para asegurarse de que las realiza con corrección.

Se olvida de cuidar la ropa.

- Quiere elegir su ropa; necesita que lo guíen sutilmente para determinar las combinaciones y la ropa adecuada con la estación del año.
- Tira la ropa en el suelo o sobre la cama, esparce los zapatos por la casa, deja el abrigo tirado y con frecuencia olvida dónde lo dejó.

Descanso

- Necesita entre nueve y once horas de sueño ininterrumpido.
- Con frecuencia duerme toda la noche; algunos niños siguen teniendo pesadillas.
- Es posible que necesite una luz encendida, una manta especial o su muñeco de peluche favorito (a veces, las tres cosas).
- Encuentra muchas maneras de evitar irse a dormir; cuando, al final, se va a la cama, se duerme con rapidez.
- Si se despierta antes que los padres, generalmente encuentra maneras de entretenerse con libros, juguetes o lápices de colores.

continuación

Actividades de juego y sociales

- El sentido de sí mismo se evidencia en lo que le gusta y lo que no; no se compromete en lo que quiere y necesita (con frecuencia, esto no coincide con los planes o deseos de los adultos).
- Es posesivo con sus juguetes y libros, padres y amigos, aunque a veces puede compartirlos.
- Puede tener amistades cercanas con uno o más niños (con frecuencia, un poco mayores); los juegos implican el trabajo grupal hacia fines específicos.
- No tolera que le digan lo que debe hacer, es posible que vuelva a tener rabietas.
- Busca la atención, el elogio y la seguridad de la maestra; ahora la considera a ella (más que a los padres) como la fuente principal de la "verdad".

ACTIVIDADES DE APRENDIZAJE

Consejos para padres y cuidadores:

- Dele materiales para colorear, cortar, pegar, pintar (las cadenetas de papel son siempre grandes, independientemente de la estación).
- Ofrézcale juegos con lápiz y papel: actividades para unir punto con punto o número con número, para encontrar los objetos ocultos o para copiar y dibujar.
- Propóngale (y suela jugar) juegos sencillos con naipes ("el truco", "la canasta") y juegos de mesa, en especial aquellos que resten importancia a la competitividad.
- Tenga bastantes libros disponibles para que el niño lea y mire y para leérselos usted.
- Permítale coleccionar los objetos acordes con sus intereses y sistemas (tarea que puede carecer de sentido para el adulto).
- Haga disfraces interesantes unisex; incentive los juegos para ordenar la casa y el juego de roles: maestro, piloto, cazador, plomero.
- Estimúlelo a realizar actividades sencillas de cocina, de carpintería y de construcción con bloques, autos, camiones, aviones y animales de zoológico y de granja. (Evite los autos a batería y otros juguetes mecánicos— una vez que dejan de ser novedad, ofrecen poca participación y, por lo tanto, no contribuyen demasiado al aprendizaje).
- Estimúlelo a andar en bicicleta y en patines, a nadar, a jugar en barras y a realizar actividades en las que deba cavar, arrojar, atrapar y batear.

LOS NIÑOS DE SEIS AÑOS

LLAMADAS DE ATENCIÓN

Consulte a un médico o a un especialista en niños pequeños si, a los siete años, el niño *no:*

- Muestra signos de crecimiento uniforme: aumento de altura y peso; desarrollo motor continuo, como correr, saltar, mantener el equilibrio.
- Demuestra interés en la lectura y en tratar de reproducir las letras, en especial, su nombre.
- Sigue instrucciones sencillas con pasos diversos: "Termina el libro, colócalo en el estante y luego ponte el abrigo".
- Realiza todas las instrucciones y completa tareas sencillas: poner los platos en la pileta, levantar la ropa, terminar un rompecabezas. *Nota:* Todos los niños se olvidan de cosas. Que no haya completado una tarea no constituye un problema, *a menos que las deje sin terminar* continuamente.
- Comienza a desarrollar alternativas para uso excesivo de comportamientos inadecuados a fin de obtener lo que desea.
- Desarrolla una disminución uniforme de los comportamientos que demuestran tensión que puede haber desarrollado al comenzar la escuela: muecas o tics faciales repetidos; guiños de ojos, rechinamiento de los dientes, vuelta a ensuciarse, dolores de estómago frecuentes, resistencia a ir a la escuela.

EL NIÑO DE SIETE AÑOS

Los niños de siete años están comenzando a ser conscientes de sí mismos como individuos. Se esfuerzan por ser responsables, "buenos" y por hacerlo "bien". Tienden a tomarse en serio—demasiado en serio a veces. Cuando no pueden cumplir con las expectativas que se imponen, se ponen de mal humor o se encierran en sí mismos. Es como si intentaran ver más allá de las cosas, como si trataran de integrar lo que saben con el flujo de experiencias nuevas con las que se encuentran. También es muy común que se preocupen por lo que puede o no puede suceder, por ejemplo, anticipar e incluso temer al segundo grado puede producirles ansiedad. Quizás la tarea sea demasiado difícil, quizás la maestra no sea "buena", quizás los demás niños no sean amistosos.

Al mismo tiempo, los niños de esta edad poseen muchos rasgos positivos. Son más razonables y desean compartir y cooperar. Comienzan a prestar más atención y a comprender e investigar lo que oyen. Pueden realizar una tarea durante más tiempo. Se esfuerzan tenazmente por hacer todo a la perfección (lo que sólo aumenta la carga de tensión). Debido a estos sentimientos complicados, es necesario que los padres y los docentes acepten estos cambios de carácter. Parece que el carácter refleja los terribles esfuerzos que realiza el niño para enfrentarse a los conflictos inherentes de un niño de siete años.

PERFILES DEL DESARROLLO Y PATRONES DEL CRECIMIENTO

Características físicas y del desarrollo

- El aumento de peso tiende a ser relativamente poco, es común que aumenten unos 2,7 kg por año. Los niños de siete años pesan, aproximadamente, entre 22,7 y 25 kg.
- La altura aumenta un promedio de 6,25 cm por año. Las niñas miden, aproximadamente, entre 110 y 116,3 cm y los niños, entre 115 y 124 cm.
- La masa muscular es prácticamente igual en los niños y en las niñas.
- El crecimiento físico se produce lenta y uniformemente; es posible que algunas niñas sean más altas que los niños.
- La postura es más erecta; los brazos y las piernas continúan alargándose, proporcionando un aspecto más largo y flaco a muchos niños de esta edad.
- El nivel de energía va y viene, fluctúa entre esfuerzos con mucha energía e intervalos de fatiga temporal.
- Puede sufrir un resfrío y otras enfermedades leves; esto sucede con menos frecuencia que cuando tenía seis años.
- Los globos oculares continúan cambiando en forma y tamaño; la visión debe examinarse periódicamente a fin de asegurar su salud.
- Con frecuencia, el cabello se oscurece.
- Continúa mudando los dientes de leche y reemplazándolos por dientes permanentes.

Desarrollo motor

- El control de la motricidad gruesa y fina continúa afinándose: mantiene el equilibrio tanto con un pié como con el otro, sube y baja las escaleras corriendo y alternando los pies, arroja y atrapa pelotas pequeñas, puede batear.
- Tienden a ser cuidadosos al realizar las actividades físicas más difíciles, tales como trepar o saltar de lugares altos.
- Con frecuencia practica una capacidad motriz nueva hasta dominarla, luego abandona el ejercicio para trabajar en otra cosa.
- Se tira boca abajo en el piso mientras lee o mira televisión, se levanta sobre un codo, dobla las rodillas, balancea constantemente los pies y las piernas de un lado al otro o hacia arriba y hacia abajo.
- Utiliza el cuchillo y el tenedor correcta pero inconscientemente.
- Sostiene el lápiz con fuerza cerca de la punta, apoya la cabeza en el antebrazo, la baja hasta casi tocar la mesa cuando realiza tareas con lápiz y papel.

Practica el bateo.

- Escribe las letras y los números deliberadamente y con confianza: los caracteres son cada vez más uniformes en lo que respecta a forma y tamaño, es posible que se exceda de la línea o de la hoja al escribir.

Desarrollo perceptivo y cognoscitivo

- Los conceptos de tiempo y espacio se vuelven lógicos y más prácticos: un año es "mucho tiempo", mil quinientos kilómetros es "muy lejos".
- Comienzan a comprender el concepto de contenido de Piaget: por ejemplo, la forma de un envase no necesariamente refleja la cantidad que puede contener.
- Comprende mejor el principio de causa y efecto: "Si vuelvo a llegar tarde a la escuela, tendré un problema muy grande".
- Sabe leer la hora del reloj y, además, comprende el tiempo calendario—días, meses, años y estaciones.
- Realiza planes futuros: "Guardo esta galletita para la noche".
- Le encantan los trucos de magia y representar "espectáculos" para los padres y amigos.
- Leer se hace más fácil, muchos niños, a los siete años, leen por placer y les gusta volver a contar los detalles de la historia.
- La capacidad de deletrear no necesariamente está a la par de la de leer.
- Demuestra mucho interés en contar y en ahorrar dinero.
- Es común que algunos niños aún inviertan las letras y sustituyan los sonidos.

Desarrollo del habla y del lenguaje

- Le gusta que le relaten cuentos, escribir narraciones cortas y contar historias imaginativas.
- Utiliza las estructuras de las oraciones y el lenguaje en las conversaciones como los adultos; los patrones reflejan las diferencias culturales y geográficas.

Tiene interés en ahorrar dinero.

- El lenguaje se vuelve más preciso y elaborado, utiliza más adjetivos calificativos y adverbios.
- Gesticula para explicar las conversaciones.
- Es verbalmente crítico con su propio desempeño: "No lo dibujé bien", "Su dibujo es mejor que el mío".
- Las exageraciones verbales son comunes: "Me comí diez salchichas en el picnic".
- Puede explicar los hechos en términos de sus propias preferencias o necesidades: "No llovió porque iba a ir a un picnic".
- Describe sus experiencias personales con mucho detalle: "Primero estacionamos el auto, después seguimos este sendero largo, después nos sentamos en un árbol roto cerca de un lago y comimos. . ."
- Comprende y realiza instrucciones con pasos diversos (hasta cinco); es posible que necesite que se las repitan por no haber oído el pedido completo la primera vez.
- Le gusta escribir cartas sencillas a los amigos.

"¡El gato era así de grande"!

LOS NIÑOS DE SIETE AÑOS

Desarrollo personal y social

- Es más extrovertido, encuentra humor en los hechos cotidianos, coopera y demuestra afecto hacia los adultos, se enoja menos con ellos.
- Le gusta "ayudar a la maestra", busca su atención y aprobación, pero con menos evidencia.
- Los amigos son importantes, pero puede encontrar muchas cosas para hacer si está solo.
- Es menos agresivo, aunque continúa peleando y contando chismes tanto en los juegos con otro niño como en los grupales.
- Se queja de que las decisiones familiares son injustas, de que un hermano tiene más para hacer o le dan más cosas.
- Con frecuencia culpa a los demás de sus errores, inventa excusas para sus defectos: "Pude haber hecho uno mejor, pero la maestra no me dio tiempo."
- Predominan los amigos y los grupos del mismo sexo.
- Sus sentimientos se lastiman con facilidad; es posible que se preocupe por no gustar a los demás; puede llorar, sentir vergüenza o afirmar severamente: "Nunca más voy a jugar contigo" ante una crítica.
- Se toma las responsabilidades en serio; se puede confiar en que siga las instrucciones y cumpla con los compromisos; se preocupa por no llegar tarde a la escuela o por finalizar la tarea.

RUTINAS DIARIAS — SIETE AÑOS

Comidas

- Come casi de todo; tiene menos dificultades para ensayar alimentos nuevos o probar los que no le gustan, pero todavía rechaza unos cuantos que "odia".
- Le interesan los alimentos, le gusta ayudar en la compra y en la preparación de las comidas.
- Los modales a la mesa distan de ser perfectos, pero van mejorando; hay menos leche derramada y otros "accidentes" debidos a tonterías o prisa por terminar.
- Emplea los cubiertos con relativa facilidad; rara vez come con los dedos; algunos niños aún tienen dificultades para cortar la carne.
- Se demora menos en las comidas, aunque es fácil que le distraigan las cosas que suceden en otras partes de la casa o en el exterior.

continuación

Ir al sanitario, bañarse, vestirse

- Puede remolonear a la hora del baño; una vez en el agua, parece disfrutar de la experiencia; puede bañarse solo con un mínimo de ayuda.
- Se viste solo; continúan las demoras, pero el niño puede darse prisa cuando el tiempo se hace crucial.
- Es capaz de abotonarse y correr los cierres; se ata los zapatos; a menudo es descuidado: los botones no corresponden, los cordones arrastran.
- La ropa no le interesa demasiado; se pone lo que le den o encuentre.
- Tanto a los varones como a las niñas empieza a interesarles más peinarse o cepillarse el pelo.
- El control de esfínteres y vejiga es bueno; el ritmo individual está bien establecido; es posible que muestre resistencia a mover el vientre en la escuela.
- Es menos probable que se levante durante la noche para ir al baño.

Con frecuencia es necesario recordarle que se ate los zapatos

Descanso

- Duerme un promedio de diez a once horas por la noche; los niños que permanecen menos horas en la cama suelen tener dificultades para levantarse por la mañana.
- Duerme profundamente con pocos malos sueños o ninguno; en cambio, sueña a menudo con sus propias hazañas y aventuras.
- La mayoría de las noches puede prepararse para la cama independientemente, pero quiere que lo arropen o le lean.

Le gusta leer en la cama.

- Con frecuencia se despierta temprano; se entretiene en la cama con juguetes, contando sus ahorros en la alcancía, mirando la colección de tarjetas de béisbol, leyendo.

Actividades de juego y sociales

- Participa en actividades en grupo organizadas (Clubes de niños y niñas, Cub Scouts y Brownies, equipos de natación y fútbol).

LOS NIÑOS DE SIETE AÑOS

continuación

Tiene muchos deseos de unirse a grupos organizados.

- No quiere faltar a la escuela o a eventos programados; quiere estar al nivel de los amigos y compañeros.
- Le interesa colorear y recortar, con un amigo o solo.
- Las actividades preferidas de juego incluyen andar en bicicleta, trepar y los juegos de computador.
- Está muy dispuesto a jugar juegos de mesa y de cartas competitivos, pero es posible que "tuerza" las reglas cuando vaya perdiendo.

ACTIVIDADES DE APRENDIZAJE

Consejos para padres y cuidadores:

- Realice excursiones a la biblioteca para participar de actividades de lectura de cuentos para niños y de teatro, y para leer libros infantiles.
- Inscríbalo en actividades comunitarias gratuitas o de bajo costo que sean del interés del niño: arte, ciencia, natación, danza.
- Realice caminatas familiares "de recolección " por el vecindario, por las playas cercanas o por parques; estimule sus esfuerzos por organizar "tesoros".
- Acumule herramientas y equipos que funcionen realmente: herramientas de carpintería y de jardinería sencillas, materiales para ciencias (una planta de papa, un terrario con hormigas o un acuario sencillo).
- Junte materiales para crear proyectos artísticos, modelos o experimentos científicos: pedazos de madera y de plástico, cartón y papel de diferentes pesos y texturas, cuentas, tela, hilo.

- Ofrézcale ropa y disfraces para que planee y represente "espectáculos"; asista a la representación.
- Proporciónele una casa de muñecas, un juego de granja o de zoológico, una estación de servicio o un aeropuerto, y complételos con personas, animales y equipos pequeños.

● ●

LLAMADAS DE ATENCIÓN

Consulte con un médico o con un especialista en niños pequeños si, a los ocho años, el niño *no:*

- Presta atención a la tarea que desarrolla; permanece sentado mucho tiempo, escuchando, respondiendo adecuadamente.
- Sigue instrucciones sencillas.
- Va a la escuela contento la mayoría de los días (debe preocuparse si se queja excesivamente de dolores de panza o de cabeza cuando está listo para irse).
- Hace amigos (obsérvelo con cuidado para saber si juega solo la mayoría del tiempo o evita constantemente el contacto con otros niños).
- Duerme profundamente la mayoría de las noches (las pesadillas o los malos sueños frecuentes y recurrentes no son habituales a esta edad).
- Ve u oye adecuadamente por momentos (bizquea, se frota los ojos con exceso, pide que le repitan las cosas con frecuencia).
- Maneja las situaciones estresantes sin sentir congoja emocional inadecuada (llorar en exceso, sufrir alteraciones en el sueño o en la alimentación, apartarse de los demás, experimentar una ansiedad frecuente).
- Asume responsabilidades por su cuidado personal (vestirse, bañarse, alimentarse) la mayoría de las veces.
- Demuestra mejoras en la motricidad.

EL NIÑO DE OCHO AÑOS

Los niños de ocho años muestran mucho entusiasmo por la vida. Concentran su energía en mejorar las capacidades que ya poseen y en incrementar lo que ya saben. Una vez más, experimentan fuertes sentimientos de independencia y están ansiosos por tomar decisiones

LOS NIÑOS DE OCHO AÑOS

respecto de sus propios planes y de sus amigos. Cada vez prestan más atención y se interesan más por sus compañeros y por las actividades de equipo o en grupo que por sus padres, maestros o hermanos. Alrededor de los ocho años y medio, los niños y las niñas separan sus caminos y crean intereses nuevos en grupos del mismo género.

PERFILES DEL DESARROLLO Y PATRONES DEL CRECIMIENTO

Características físicas y del desarrollo

- Continúa aumentando entre 2,3 y 3,2 kg por año; un niño de ocho años pesa, aproximadamente, entre 25 y 27,7 kg. En general, las niñas pesan menos que los niños.
- La altura sigue aumentando a un ritmo lento pero uniforme. Crece un promedio de 6,25 cm por año; con frecuencia, las niñas son más altas (entre 115 y 122,5 cm) comparadas con los niños (entre 120 y 130 cm).
- La estructura corporal se conforma con una apariencia más madura; los brazos y las piernas se estiran, dando una imagen alta y desgarbada.
- La agudeza visual es de 20/20. La visión debe examinarse periódicamente a fin de asegurar su salud.
- Es posible que algunas niñas comiencen a desarrollar el busto y el vello púbico y que experimenten menstruaciones.
- Los cambios de carácter pueden hacerse más aparentes a medida que se producen las transformaciones en la actividad hormonal.
- El estado de salud general mejora; se enferma menos.

Desarrollo motor

- Disfruta de las actividades enérgicas; le gusta bailar, andar en patines y en bicicleta, nadar, luchar y remontar barriletes.
- Busca oportunidades para participar de actividades y juegos en equipo, como el fútbol, el béisbol y los juegos con pelota.
- Muestra una mejora importante en la agilidad, el equilibrio, la velocidad y la fuerza.
- Copia palabras y números del pizarrón con más rapidez y exactitud; posee buena coordinación entre los ojos y las manos.
- Parece poseer una energía inagotable.

Desarrollo perceptivo y cognoscitivo

- Colecciona objetos; organiza y expone cosas de acuerdo a sistemas más complejos; realiza ofertas y comercia con amigos para obtener piezas adicionales.
- Desea ahorrar dinero para pequeñas compras, realiza planes para ganar dinero con extraños trabajos; estudia catálogos y revistas para tener ideas de los objetos que puede comprar.

Escribe cartas con detalles muy imaginativos.

- Comienza a interesarse por lo que los demás piensan y hacen; comprende que existen diferencias en las opiniones, culturas y en los países distantes.
- Acepta los retos y las responsabilidades con entusiasmo; le encanta que le pidan que realice tareas, tanto en casa como en la escuela; siente interés en que lo recompensen por sus esfuerzos.
- Le gusta leer y trabajar solo; pasa mucho tiempo haciendo planes y listas.
- Comprende el principio de perspectiva (sobra, distancia, forma); los dibujos demuestran una representación más realista de los objetos.
- Comienza a comprender los principios elementales de contenido: a pesar de que las jarras altas y estrechas pueden parecer diferentes de las cortas y anchas, es posible que contengan la misma cantidad.
- Utiliza una lógica más sofisticada en sus esfuerzos para comprender los hechos cotidianos; por ejemplo, es sistemático cuando busca un abrigo o un juguete perdido.
- Suma y resta números con varios dígitos; aprende a multiplicar y a dividir.
- Está ansioso por ir a la escuela y se desilusiona cuando se enferma o no puede concurrir.

Desarrollo del habla y del lenguaje

- Le encanta decir bromas y acertijos.
- Comprende y realiza instrucciones con pasos diversos (hasta cinco); es posible que necesite que se las repitan por no haber oído el pedido completo.
- Le gusta escribir cartas a los amigos; incluye descripciones imaginativas y detalladas.
- Utiliza el lenguaje para criticar y elogiar a los demás; repite el argot y las malas palabras.
- Comprende y respeta las normas gramaticales, tanto en la conversación como en la forma escrita.
- Le fascina conocer los códigos de palabras secretos y conocer lenguaje en código.
- Conversa con fluidez con los adultos; puede pensar y hablar sobre el pasado y el futuro: "¿A qué hora nos vamos para la reunión de natación de la semana que viene?".

Desarrollo personal y social

- Se forma opiniones acerca de los valores y de las actitudes morales; afirma que las cosas son correctas o incorrectas.
- Juega con dos o tres "mejores amigos", con frecuencia de la misma edad y el mismo sexo; también le gusta estar algún tiempo solo.
- Es menos crítico de su propio desempeño, aunque se siente frustrado y acongojado con facilidad cuando no puede finalizar una tarea o cuando el producto no satisface sus expectativas.
- Le gustan los juegos y las actividades en equipo; para él, es importante ser miembro de un grupo y que lo acepten sus compañeros.
- Aún culpa a los demás o inventa excusas para explicar sus errores o defectos.
- Le gusta hablar por teléfono con los amigos.
- Comprende y respeta el hecho de que algunos niños tengan más talento en determinadas áreas, como el dibujo, los deportes, la lectura, las artes o la música.
- Aún necesita la atención y el reconocimiento por parte de la maestra o los padres; le gusta actuar para los adultos y desafiarlos en los juegos.

RUTINAS DIARIAS — OCHO AÑOS

Comidas

- La mayoría tiene buen apetito, en general, los niños comen más que las niñas.
- Le gusta comer; desea probar comidas nuevas y algunas que antes se negó a comer.
- Se enorgullece por saber comportarse en la mesa, en especial cuando lo hace fuera de casa o cuando hay compañía, en casa le preocupa menos esto.
- Puede llenarse la boca con bocados muy grandes o no masticar la comida con cuidado para finalizarla rápido y volver a sus actividades anteriores.

Ir al sanitario, bañarse, vestirse

- Posee un patrón determinado para las funciones de los intestinos y la vejiga; en general los controla correctamente aunque es posible que necesite orinar con más frecuencia cuando está nervioso.
- Con frecuencia se lava las manos apurado, la suciedad tiende a quedar en la toalla y no en el drenaje.
- Le gusta bañarse y jugar en el agua, suele darle poca importancia cuando se supone que debe estar listo para el baño; algunos niños pueden hacerlo solos.
- Se interesa mucho por su aspecto, por elegir y coordinar sus prendas, por cepillarse el cabello y por estar bien.
- Colabora con el cuidado de su ropa; la mayoría de las veces la cuelga, ayuda a doblarla y a colocarla en los estantes.

continuación

LOS NIÑOS DE OCHO AÑOS

OBSEVAR A LOS NIÑOS

Lo que sabemos sobre los niños, cómo crecen, cómo aprenden, cómo se relacionan con otros, surge de la observación directa. Los primeros psicólogos y educadores, como Froebel, Pestalozzi, Freud, Montessori, Gesell, Skinner y Piaget observaron las actividades cotidianas de cientos de niños. Registraron lo que vieron y oyeron mientras los niños aprendían a caminar y a hablar, identificar formas y colores, reconocer números y letras, llevarse bien con los demás, razonar y resolver problemas.

Estas observaciones anotadas proporcionan la base de lo que sabemos sobre el desarrollo infantil, la manera efectiva de enseñar, los modelos de programas y la importancia de la relación padres-hijos.

LOS MAESTROS COMO OBSERVADORES EN EL AULA

El objetivo a conseguir por un programa de calidad para la primera infancia es que los adultos observen con regularidad y tomen notas frecuentes. Observar y registrar lo que los niños hacen en el aula y en el área de juegos al aire libre permite al personal idear ambientes apropiados para enseñar dentro y fuera de la sala de clases.

Las observaciones de los maestros son cruciales. Poseen la formación en desarrollo infantil. Saben qué pueden esperar de los niños. Pueden aplicar

sus conocimientos eficazmente en un medio donde los niños están "siendo ellos mismos" y planear teniendo en cuenta las necesidades y diferencias individuales de los niños.

En las reuniones de padres, los maestros se basan en sus registros de observación para citar ejemplos concretos relativos al progreso del niño. Las observaciones escritas dan fe del interés del maestro por cada niño y de la capacidad de aquél para comunicar ese interés a los padres.

LOS PADRES COMO OBSERVADORES EN EL AULA

Los padres siempre deben ser bienvenidos en el aula de su hijo, ya sea como observadores programados o de manera casual. Tienen derecho a ver todo lo que ocurra en la clase y en el área de juegos y a hacer preguntas. Cuando los padres hacen una observación programada, se les puede dar una tablilla y papel para que escriban notas sobre lo que les interesa, por ejemplo, a qué y con quién juega su hijo, o qué parece agradarle o molestarle. En una conversación de seguimiento, los maestros pueden enterarse de cómo ven los padres el programa, y exponer las preocupaciones mutuas y la satisfacción por el progreso del niño.

Las observaciones de los padres, hechas en el hogar o en la escuela, son muy valiosas. Los padres conocen a sus hijos mejor que nadie. Ven a sus hijos en todas las circunstancias imaginables. Están al tanto de lo que le gusta y le disgusta a su hijo, de sus alegrías y ansiedades. Lo más importante es que saben qué desean para su hijo.

TIPOS DE OBSERVACIONES

Las observaciones se registran de muchas maneras: notas anecdóticas, registros continuados, muestras del habla y el lenguaje de los niños, recuentos de frecuencia y medidas de duración. Las listas de comprobación y las escalas de calificación también se apoyan en observaciones directas. A continuación, se da una pequeña muestra de los métodos de observación. La bibliografía anotada (Apéndice 5) proporciona referencias sobre información adicional.

Notas anecdóticas

Las notas anecdóticas se hacen en un pequeño cuaderno (8 x 13 cm) que se lleva en el bolsillo. Las notas son frases breves, con fecha, sobre casos de comportamiento observado en un niño determinado. Las notas se pueden utilizar para seguir la pista del desarrollo en dominios específicos o para reunir información sobre un motivo específico de preocupación. Los maestros dedican un minuto o menos, varias veces por día, para anotar unas palabras pertinentes sobre lo que ven que sucede. Con el tiempo, las notas fechadas producen un cuadro compuesto. Puede indicar la necesidad de planes especiales de guía. De ser así, continuar la

toma de notas permite a los maestros ver si el plan le está siéndo útil al niño. Si no hay preocupaciones especiales, las notas anecdóticas, archivadas cronológicamente por dominios de desarrollo, son esenciales para ubicar a un niño, escribir informes de progreso y preparar las reuniones con los padres.

Muestras de lenguaje

Para obtener una muestra del lenguaje, un observador anota cualquier expresión oral de un niño, exactamente como éste la produce. Una finalidad de este muestreo, que se suele hacer a lo largo de un mes aproximadamente, durante 15 ó 20 minutos cada vez, es seguir el desarrollo del habla y el lenguaje del niño. Otra finalidad es ver si el lenguaje del niño "funciona". ¿Consigue comunicarse eficazmente? ¿Obtiene lo que desea usando el lenguaje? No se registra ningún otro comportamiento (salvo los gestos comunicativos o las muecas), aunque pueden tomarse notas breves; por ejemplo, que otros chicos no

suelen responder a los ofrecimientos verbales del niño. Las muestras de lenguaje son muy valiosas para planear programas individualizados. También son esenciales al preparar las reuniones de padres, que pueden hacerse más animadas cuando los maestros leen bromas divertidas o afirmaciones perspicaces hechas por el niño.

Recuentos de frecuencia y duración

Cuando surgen motivos de preocupación sobre un aspecto particular del comportamiento de un niño, los maestros deben determinar primero cuántas veces ocurre el comportamiento (frecuencia) y cuánto dura (duración). Estos recuentos se hacen fácilmente mientras los maestros cumplen con sus tareas. Un tipo de recuento de frecuencia requiere sólo que el maestro haga una marca cada vez que el niño muestra un comportamiento determinado. Un recuento puede revelar, por ejemplo, que un niño de dos años que lloraba o golpeaba "todo el tiempo" lo hacía nada más que una o dos veces en una mañana, y ninguna vez en otras mañanas. Para comportamientos que se repiten mucho, a veces los maestros utilizan distintos objetos para imponer un castigo como una regla o aguja de hacer punto. Un recuento de duración (o medida) a menudo consiste simplemente en anotar rápidamente la hora en que el niño comienza o termina una actividad o entra o sale de un área. Otro ejemplo puede ser una

marca discreta a lápiz en una esquina de la pintura o el collage, anotando la hora en que el niño comenzó y terminó el proyecto. Estos no son sino dos ejemplos de observaciones fáciles de hacer. Un recuento de frecuencia proporciona información significativa sobre si un "problema" es realmente problema. Un recuento de duración ayuda a los maestros a decidir si necesitan mejorar el lapso de atención del niño en ciertas áreas del programa.

Listas de comprobación

Las listas de comprobación permiten al maestro u otro observador registrar rápidamente la ocurrencia de un comportamiento o logro de desarrollo específico. En los centros de cuidado de bebés, se pueden marcar muchas "primeras veces": el día en que Josefa sonrió por primera vez, se dio la vuelta, caminó sola. En los centros de educación preescolar, es útil tener una lista de comprobación con los nombres de los niños de un lado y los objetivos de programación arriba, horizontalmente. Insertando la fecha, los maestros "marcan"

cuando Carmen identificó correctamente y emparejó los colores primarios; Juan J. construyó una torre de 8 cubos de 3 cm; Arancha corrió sola el cierre de su chaqueta. Las listas de comprobación las formulan los maestros para que reflejen los objetivos de programación. Las listas, ya sean hechas por los maestros o compradas, pueden ser simples o detalladas, según las necesidades (ejemplos: Apéndice 2).

LA OBJETIVIDAD EN LA OBSERVACIÓN

Objetividad significa anotar sólamente lo que el niño hace y dice en realidad. Quiere decir que dos observadores cualesquiera (dos maestros, un maestro y un padre, un voluntario y un ayudante), observando al mismo niño a la vez, realizan informes idénticos sobre lo que el niño hizo realmente.

La información basada en la realidad es esencial por varias razones.

- **Proporciona hechos reales (no interpretaciones personales) al determinar en qué medida un problema afecta en el progreso del desarrollo del niño o el bienestar de otros niños.**

- **Proporciona consenso y una base firme a la hora de organizar actividades de aprendizaje individualizadas.**

- **Es esencial en el seguimiento del progreso de un niño en todas las áreas de desarrollo.**

- **Proporciona información concreta para realizar reuniones eficaces de padres y maestros.**

- Sabe atarse los zapatos, aunque a veces no se preocupa por hacerlo.

Descanso

- Duerme profundamente toda la noche (un promedio de diez horas); si se esfuerza por retrasar el horario de descanso puede significar que necesita menos horas de sueño.
- Comienza a cuestionar los horarios de descanso establecidos; desea quedarse despierto hasta más tarde; holgazanea, se distrae cuando debe prepararse para ir a la cama.
- Es posible que se despierte más temprano y que se vista mientras los demás miembros de la familia aún duermen.

Actividades de juego y sociales

- Le gustan las actividades y los deportes competitivos (fútbol, béisbol, natación, gimnasia), desea unirse a un equipo tanto como puede desear abandonarlo si existe demasiada competitividad forzada.
- Puede adoptar una actitud de sabelotodo hacia el final del octavo año; se vuelve argumentativo con sus compañeros (y con los adultos).
- Le gustan los juegos de mesa, electrónicos y con naipes; con frecuencia interpreta las normas para obtener más oportunidades de ganar.
- Desea la aceptación de sus compañeros; comienza a imitar la manera de vestirse, los peinados, el comportamiento y el lenguaje de los compañeros que admira.

ACTIVIDADES DE APRENDIZAJE

Consejos para padres y cuidadores:

- Propóngale (y juegue con él) juegos que requieren un grado moderado de estrategia: damas, dominó, juegos con naipes, de magia y de computadora.
- Estimule la creatividad; proporciónele materiales para que realice proyectos sencillos de pintura, arte, cocina o construcción.
- Realice excursiones frecuentes a la biblioteca; dele libros para que lea e historias en cassettes de audio y video.
- Invierta en una cámara barata; estimúlelo a probarla.
- Busque oportunidades para desarrollar capacidades en actividades no competitivas—natación, danza, acrobacia, patinaje, esquí, interpretación de instrumentos musicales; éste es el momento de *probar* diversos intereses; pocas veces se produce un compromiso a largo plazo.
- Asígnele tareas de rutina, tales como alimentar al perro, doblar la ropa o poner la mesa, para afianzar el sentido de responsabilidad.

LLAMADAS DE ATENCIÓN

Consulte a un médico o a un especialista en niños pequeños si, a los nueve años, el niño *no:*

- Tiene buen apetito y un aumento de peso continuo (es posible que algunos niños, en especial las niñas, ya comiencen a mostrar signos tempranos de trastornos en la alimentación).
- Sufre menos enfermedades.
- Demuestra mejoras en la motricidad, en cuanto a agilidad, velocidad y equilibrio.
- Comprende conceptos abstractos y utiliza procesos de pensamiento complejos para resolver un problema.
- Disfruta la escuela y el desafío de aprender.
- Sigue instrucciones con pasos diversos.
- Expresa sus ideas clara y fluidamente.
- Se hace amigo de otros niños y le gusta participar en actividades grupales.

LOS PRÓXIMOS AÑOS

Entre los ocho y los doce años, las amistades se vuelven más duraderas y reflejan un entendimiento y un respeto mutuo. Las maneras de pensar en sí mismo, en los demás y en el mundo en general cambian drásticamente. Durante este período, el niño aprende más maneras de pensar en abstracto, comprende mejor el principio de causa y efecto y comienza a utilizar la verdadera lógica para imaginarse lo que sucederá. Además, comprende que las cosas son realmente las mismas aunque se las utilice para otros fines o se las vea desde una perspectiva diferente—una pala puede usarse no sólo para cavar sino también como palanca para quitar una tapa; un tazón de sopa puede utilizarse para dibujar un círculo.

En general, el período que va desde los ocho años hasta la adolescencia es agradable y bastante pacífico para todos los implicados. El niño se acostumbró a estar en la escuela seis horas o más por día. Hace tiempo que superó el estrés, la tensión y las frustraciones derivadas de aprender a leer y escribir, de comprender la aritmética básica y de seguir instrucciones. Durante este período, los cambios en el crecimiento y el desarrollo físicos son bastante diferentes dependiendo del niño. Las niñas en particular crecen más rápido.

Ciertos estudios han demostrado que niñas con tan sólo ocho o nueve años han experimentado algunos de los cambios hormonales asociados con la pubertad.

Y así finaliza la etapa de la niñez. Estos años constituyeron un período de cambios drásticos. Ha sido la evolución maravillosa de un lactante pequeño e indefenso a una persona con rasgos de adulto, capaz de comportamientos motores, cognoscitivos, del lenguaje y sociales complejos y altamente coordinados.

Pruebe sus conocimientos

PREGUNTAS DE REVISIÓN

1. Mencione una característica que describa la capacidad cognoscitiva típica del niño de seis años, del de siete y del de ocho.

   a.

   b.

   c.

2. Mencione tres capacidades perceptivas que indican que el niño está listo para leer.

   a.

   b.

   c.

3. Mencione tres expectativas razonables respecto de un niño de seis años en relación a las rutinas de la casa.

   a.

   b.

   c.

4. Mencione tres actividades del desarrollo adecuadas que puede utilizar el padre o el docente para acentuar las capacidades del lenguaje de los niños de siete y ocho años.

   a.

   b.

   c.

5. Mencione tres señales de advertencia que demuestren que puede ser necesario que el médico o un especialista en niños pequeños examine a un niño de ocho años.

    a.

    b.

    c.

VERDADERO O FALSO

1. El aumento de la masa muscular está muy relacionado con el aumento de peso en los niños de seis años.

2. La mayoría de los niños de siete años pueden satisfacer sus propias necesidades— bañarse, vestirse, comer — sin ayuda.

3. Los niños de ocho años comienzan a comprender el punto de vista de los demás.

4. Deben eliminarse de los programas de la escuela primaria los juegos con bloques, con arena y con agua y las actividades relativas a las faenas domésticas.

5. Los niños de siete años tienden a preocuparse por lo que puede suceder.

6. La participación en un equipo no constituye una expectativa realista para el típico niño de siete u ocho años.

7. Los niños de ocho años no demuestran el concepto del pensamiento lógico.

8. Se percibe cierta evidencia de pensamiento abstracto o lógico en la mayoría de los niños de seis, siete y ocho años.

9. Los niños de siete y ocho años tienen buen apetito y generalmente prueban las comidas que se les ofrecen.

10. Los regalos adecuados para un niño de ocho años pueden ser un libro de acertijos, una pelota de fútbol o un juego para coleccionar estampillas.

OPCIÓN MÚLTIPLE   *Elija una o más respuestas correctas de las listas siguientes.*

1. Puede esperar que un niño de ocho años

    a. respete la privacidad de los demás.

    b. cuide a los hermanos menores en ausencia de sus padres.

    c. se prepare o prepare a sus hermanos para ir a la escuela sin la ayuda o la supervisión de un adulto.

2. Las irregularidades gramaticales

   a. son comunes en los niños de seis años.

   b. son signos de anormalidad; los niños de siete años con desarrollo normal nunca dirían: "El ratones se cayeron al agua".

   c. deben corregirse siempre y es necesario que el niño practique la forma correcta repitiéndola al menos diez veces.

3. Los niños de seis años

   a. son muy conversadores y dan órdenes.

   b. tienen amistades duraderas.

   c. raramente son agresivos, ya sea verbal o físicamente.

4. Los niños de siete años

   a. son extremadamente fastidiosos respecto a la ropa que usan.

   b. con frecuencia se disgustan con sus propios esfuerzos.

   c. conocen su alto nivel de energía uniforme.

5. Marque los comportamientos atípicos de un niño de ocho años.

   a. le da nombres de personajes a los amigos y juega a las "Tortugas Ninjas".

   b. organiza a los amigos para que le ayuden a construir una nave espacial con una caja de cartón grande.

   c. su desarrollo aún no está preparado para participar en juegos de equipos.

CAPÍTULO 8

CÚANDO BUSCAR AYUDA

¿Mi hijo está bien? La mayoría de los padres, en algún momento, se formulan esta pregunta durante la lactancia y primera infancia del niño. Muchos cuidadores y maestros de preescolar se formulan una pregunta similar respecto del niño ocasional que, de alguna manera, es "diferente" de los demás integrantes del grupo. Tales preguntas, que surgen tanto a padres como a maestros, constituyen una señal positiva; indican que se preocupan por el niño.

Los niños pequeños, tal como se enfatiza en el capítulo 1, son muy diferentes en cuanto al desarrollo que experimentan. Es el niño diferente el verdaderamente típico, en todos los sentidos. Muchos niños experimentan alguna irregularidad en el desarrollo que no tiene efectos negativos a largo plazo. Algunos otros, con irregularidades que ya no parecen peligrosas pueden estar en peligro con respecto al desarrollo. Y, ¿qué pasa con el niño que parece típico en muchos aspectos aunque lo suficientemente distinto para preocupar a los padres y a los cuidadores? La respuesta: toda duda persistente respecto al crecimiento y al comportamiento de un niño requiere un examen inmediato y minucioso.

El retraso o los problemas en el desarrollo, ya sean sospechados u obvios, deben recibir atención inmediata. Las investigaciones realizadas durante años ofrecen evidencias incuestionables de que la identificación y la **intervención** tempranas pueden disminuir la gravedad de un problema. Además, esta última puede también disminuir o prevenir el impacto negativo sobre otras áreas del desarrollo. Existen muchos programas de exploración fiables para lactantes y niños pequeños desde el nacimiento hasta los cinco años y aún para niños mayores. Además, existen normas federales y fondos destinados a ayudar a localizar y a tratar a los niños pequeños con problemas en el desarrollo.

Los programas de exploración, con frecuencia, están patrocinados por la comunidad o asociados con los sistemas de escuelas públicas.

Se establecen para identificar a los niños que sufren o están en riesgo de sufrir problemas en el desarrollo. Principalmente se centran en la audición y la visión, en la salud física y en el desarrollo en general. Las pruebas se establecen para que resulten fáciles de administrar,

---

intervención - *Tratamiento o servicios especiales para lactantes y niños pequeños; necesita proporcionarse tan pronto como sea posible para evitar complicaciones o retrasos en el desarrollo.*

de tal manera que se puedan tratar muchos niños en sus propias comunidades a través de los departamentos de salud pública, los Programas "Head Start," o los centros de cuidado de los niños. Si no existe la exploración temprana, es posible que muchos niños no reciban los servicios necesarios hasta la edad escolar. Entonces, si existe un problema, es muy probable que se haya agravado y que necesite una terapia extensa y una educación especial. Es posible evitar muchos de estos resultados mediante una atención temprana de las necesidades del niño y de la familia.

Existe un programa de exploración nacional denominado *"Child Find"*. Su fin es localizar lactantes y niños con problemas en el desarrollo sin diagnosticar o aquellos en riesgo de sufrir tales problemas. Este programa federal tiene dos objetivos principales: identificar a los niños con problemas lo antes posible para comenzar con la intervención y ayudar a las familias a encontrar los servicios de diagnóstico e intervención temprana. Cada estado debe establecer un sistema de "Child Find".

En general, son los padres los primeros en sospechar que existe un problema o un retraso en el desarrollo de su hijo. También son ellos los que se preocupan o temen que algo no esté del todo bien. Sin embargo, es posible que no busquen ayuda inmediata por muchas razones:

- No saber cómo buscar ayuda profesional.
- Preocupación respecto a los costos.
- Inquietud sobre la manera de buscar consejos sobre un problema del que se sospecha su existencia y que, con frecuencia, es difícil de identificar o de describir.
- Dudas surgidas de la aseveración errónea (quizás formulada por un médico o un familiar bienintencionado) de que, en realidad, no existe problema alguno o que el niño lo superará con el tiempo.
- Confusión o retraimiento al recibir información clínica que los confunde, los asusta o no comprenden.

Las señales de problemas en el desarrollo pueden ser muy sutiles.

- Timidez para solicitar una aclaración o una segunda opinión.
- Reticencia para reconocer abiertamente la preocupación; en muchas culturas, estas cosas son cuestiones familiares y no se deben hacer públicas.
- Negativa a que, ni siquiera, exista un problema.

En consecuencia, muchas veces el problema del niño no desaparece, sino que se agrava. Por eso, siempre se debe incentivar a los padres a hablar sobre sus temores o sus dudas respecto del desarrollo de su hijo. Los profesionales al cuidado de la salud, los maestros, los cuidadores—todos los que trabajan o tienen contacto con niños pequeños—deben escuchar atentamente y responder con seriedad a cualquier preocupación que los padres expresen, ya sea directa o indirectamente.

¿EXISTE UN PROBLEMA?

No siempre es fácil determinar si un retraso o una irregularidad en el desarrollo es preocupante. Algunos problemas son tan obvios que pueden identificarse fácilmente: el niño con síndrome de Down se reconoce debido a sus características físicas únicas. Sin embargo, la base para determinar muchos otros problemas no siempre es clara. Las señales pueden ser tan sutiles, tan complicadas de determinar, que se hace difícil distinguir con seguridad entre los niños que, definitivamente, sufren un problema—el sí definitivo—y aquellos que, definitivamente, no sufren ninguno—el no definitivo. El "tal vez"—¿existe o no existe un problema?—puede ser un tema incluso más complejo.

Al determinar si un retraso o una desviación son realmente preocupantes, muchos factores pueden complicar la cuestión. Por ejemplo:

- Los niños que manifiestan señales de problemas en el desarrollo en determinadas áreas con frecuencia continúan desarrollándose normalmente en otras; estos niños tienen un perfil de desarrollo confuso.
- Las amplias variaciones que existen dentro de la gama de logros en las áreas del desarrollo del niño y las variaciones entre los niños; el promedio de maduración es incierto y las condiciones del medio están en continuo cambio. Tanto la maduración como el medio interactúan para ejercer una influencia poderosa sobre cada aspecto del desarrollo del niño.
- Las creencias familiares, los valores y los antecedentes culturales ejercen una influencia importante en la manera en que los padres educan a sus hijos. *Los hitos del desarrollo no son mundiales*; la manera en que los perciben varía según la cultura, incluso según la familia. El respeto hacia los diferentes estilos de vida familiares y comunitarios siempre constituye una consideración muy importante al recolectar y al interpretar la información relativa al desarrollo de un niño. (Véase sección sobre diversidad).

hitos de desarrollo son habilidades motoras sociales cognositivas y lingüisticas, son mas notables en niños de la misma edad.

**El retraso al adquirir las capacidades básicas
puede ser preocupante.**

- Es posible que los retrasos o los problemas en el desarrollo no sean inmediatamente evidentes. Muchos niños aprenden a compensar las deficiencias, tales como la visión pobre o moderada o la pérdida de la audición. No es hasta más adelante cuando se encuentra con situaciones más estructuradas y que le demandan más esfuerzo, como en una clase de lectura en primer grado, que estas deficiencias se hacen obvias.

- Los problemas de salud **intermitentes** pueden afectan su desempeño. Por ejemplo, un niño puede sufrir ataques severos y recurrentes de **otitis media**, que parece desaparecer por completo entre uno y otro. Es posible que una prueba de audición realizada cuando el niño no sufre de infecciones no muestre una pérdida de dicho sentido, y que el niño padezca una leve sordera cuando la infección está activa. Los períodos intermitentes de semisordera que, a veces, duran una semana o más, pueden producir retrasos cognoscitivos y en el lenguaje a largo plazo, e incluso comportamientos provocativos en algunos niños.

¿En qué punto de una sospecha o un mal presentimiento acerca de un niño se debe recurrir a la acción? La respuesta es clara: Siempre que los padres se sientan inseguros respecto del progreso o de la falta de progreso del desarrollo del niño deben buscar ayuda. Los padres que se encuentran preocupados por sus hijos necesitan conversar el problema con un especialista en primera infancia o con una persona al cuidado de la salud. Juntos pueden determinar si se justifica una exploración del desarrollo. Ciertamente, un retraso o una irregularidad en el desarrollo exige una investigación siempre que interfiera con la capacidad de un niño de participar en las actividades cotidianas. La aparición frecuente o la repetición constante de comportamientos problemáticos es, con frecuencia, una señal fiable de que debe buscar ayuda. Un incidente aislado de mal comportamiento es pocas veces motivo de preocupación. Sin embargo, la continua reticencia de un niño a intentar realizar una capacidad nueva o a adquirir por completo una capacidad del desarrollo debe

Intermitente – *Cualquier cosa que viene y va en intervalos.*
Otitis media – *Infección del oído medio normalmente acompañada de dolor y acumulación de fluido; mayormente experimentado por niños menores de 6 años.*

**Anotar y grabar el comportamiento de un
niño revela lo que realmente está ocurriendo.**

ser preocupante. Por ejemplo, un lactante de diez meses que intenta sentarse solo, pero
continua necesitando las manos para apoyarse tiene o puede tener un problema.
Sin embargo, los conjuntos o grupos de retrasos o de diferencias en el desarrollo son
siempre una señal de peligro: es casi seguro que un lactante de diez meses que no puede
estar sentado sin un apoyo y que no sonríe ni balbucea en respuesta a las demás personas
esté experimentando una dificultad. En ambos casos, se indica que es necesario realizar
una exploración del desarrollo.
¿Qué hacen los maestros y los cuidadores cuando los padres no expresan su preocupación?
Aunque en algunos casos puede ser difícil, es responsabilidad del equipo conversar sobre
sus preocupaciones en una reunión con los padres. En este escenario, cada esfuerzo se
realiza para ayudarlos a aceptar que su hijo necesita un examen. En ninguna circunstancia
los miembros del equipo pueden prescindir de los padres y realizar la consulta por su
cuenta. Sin embargo, siempre pueden asegurar a los padres sus deseos de ayudarles a
buscar los servicios necesarios.

EVALUACIÓN DEL NIÑO PEQUEÑO

En una evaluación intensiva del desarrollo participan varios niveles de recolección
de información. Algunos son la observación y la grabación, la exploración y la valoración
de diagnóstico. La combinación de las técnicas de observación y de exploración sirve para
las localizaciones iniciales y para la identificación de niños con un posible retraso o un
desarrollo en peligro. La valoración de diagnóstico incluye un estudio profundo y una
interpretación profesional de los resultados. Deben participar del diagnóstico médico de
diversas especialidades. Su responsabilidad es proporcionar información detallada
respecto de las áreas preocupantes y de la naturaleza específica de los problemas del niño.
Por ejemplo, un retraso en los patrones del lenguaje en un niño de cuatro años debe tenerse

en cuenta durante los procedimientos de exploración de rutina. Es posible que la valoración de diagnóstico consiguiente señale diversas condiciones: una pérdida de la audición moderada **bilateral,** una **maloclusión** grave y comportamientos de retracción. También puede grabarse la reproducción incorrecta de muchos sonidos de letras y el vocabulario expresivo típico de un niño de dos años y medio. Tales descubrimientos clínicos pueden derivar en estrategias de educación y en procedimientos de intervención que beneficiarán el desarrollo completo del niño.

Observación y grabación

El proceso de evaluación comienza siempre con una observación sistemática. (Véase sección sobre observación.) El anotar y grabar diferentes aspectos del comportamiento del niño permite a la persona que realiza la evaluación —a los padres, al profesor, al médico— apuntar hacia lo que realmente ocurre. En otras palabras, las observaciones proporcionan información sobre lo que el niño puede y no puede hacer en ese momento. La información puede obtenerse utilizando listas simples, conteos de frecuencia (la frecuencia con la que ocurre un comportamiento determinado), anotaciones cortas (notas anecdóticas) o narraciones más extensas ("datos cursivos"). El cálculo de la duración proporciona la información sobre el tiempo en que un niño ejecuta un comportamiento determinado o realiza una actividad.

Con frecuencia, la observación directa confirma o descarta impresiones o sospechas relacionadas con las capacidades del niño. Por ejemplo, es posible que un niño no cuente hasta cinco cuando se le pide durante una prueba. Y, sin embargo, es posible observarlo contar correcta y espontáneamente siete u ocho objetos cuando está jugando. También es posible observar que un niño que se supone hiperactivo se queda sentado quieto durante cinco o diez minutos cuando se le ofrecen actividades interesantes y estimulantes, entonces se descarta la hiperactividad. (*Nota:* El término hiperactividad se utiliza, con frecuencia, demasiado y de manera errónea, no debe utilizarse para describir o catalogar a ningún

Participación en una prueba de audiometría de tono puro.

bilateral—*Pérdida de la audición en ambos oídos.*
maloclusión—*Alineación deficiente de las mandíbulas y los dientes superiores e inferiores; con frecuencia se la denomina mordida desplazada.*

niño a menos que así lo diagnostique un equipo para el desarrollo). Concentrarse en un niño mientras está jugando, solo o con otros niños, es especialmente revelador. Ninguna evaluación de un niño pequeño es verdaderamente válida si no se lo observa directamente jugando en sus ambientes familiares.

Las observaciones de los padres tienen un valor muy importante, ya que proporcionan la información y el entendimiento que no puede obtenerse de ninguna otra fuente. También proporcionan pautas sobre las actitudes, las percepciones y las expectativas de los padres respecto del niño. Involucrar a los padres en la fase de observación de la prueba también puede contribuir a reducirles la ansiedad. También es muy importante considerar que, con frecuencia, la observación directa señala fuerzas y capacidades no reconocidas del niño. Al ver los padres que realmente el niño está realizando las actividades adecuadas, es posible que se concentren más en sus fuerzas que en sus errores.

Exploración

Además de la observación directa, la exploración constituye un paso importante para identificar problemas en el desarrollo. El fin de las pruebas de exploración es determinar si el niño necesita una prueba más completa. Las pruebas de exploración valoran sólo el desempeño actual. Evalúan tanto las capacidades generales como los daños o los retrasos en la motricidad fina y gruesa, en el desarrollo de la cognición, del habla y del lenguaje y en la sensibilidad personal y social. Es posible obtener una imagen completa del desarrollo del niño mediante:

- un examen médico,
- una evaluación de la visión y de la audición,
- las listas de comprobación del desarrollo (Apéndice 2),
- las respuestas de los padres a los formularios del historial del desarrollo (Apéndice 3),
- una reunión con los padres.

Si durante las pruebas de exploración aparecen problemas reales o sospechados, se indican diagnósticos realizados clínicamente. *Nota:* Las pruebas de exploración *no* sirven como diagnóstico; *no* predicen el éxito académico futuro; *no* constituyen una base para planear programas de intervención.

Deben plantearse muchas cuestiones antes de elegir una prueba:

- ¿Es adecuada para la edad del niño?
- ¿Está libre de prejuicios relacionados con sus antecedentes económicos, geográficos o culturales?
- ¿Puede administrarse en la primera lengua del niño? Si no se pudiese, ¿se cuenta con un intérprete capacitado para ayudar al niño y a su familia?

- ¿Es fiable al seleccionar a los niños que deben someterse a otra prueba de aquellos que no la necesitan?
- ¿Su administración es sencilla y económica?

El Apéndice 4 proporciona un ejemplo de las pruebas de exploración ampliamente utilizadas y una lista breve de los instrumentos de valoración más comunes. Se incluyen ejemplos de evaluaciones **ecológicas** para realizar en casa o en la escuela. Es esencial contar con la información sobre el medio diario del niño para planear los programas de prevención y de intervención.

Las pruebas de C.I.: ¿Son adecuados para los niños pequeños?

Las pruebas de inteligencia, como la Wechsler Intelligence Scale for Children (WISC — escala de inteligencia para niños de Wechsler) y la Stanford Binet Intelligence Scales (escala de inteligencia Standford Binet), a veces se realizan a niños pequeños. Su fin *no es* actuar como instrumentos de exploración. Los especialistas en primera infancia tampoco las consideran adecuadas para los niños pequeños. Sin embargo, en el presente texto se mencionan debido a su uso habitual en algunas situaciones de valoración. El propósito de las pruebas de C. I. (pruebas de coeficiente intelectual) es intentar determinar la capacidad de un niño para procesar información. La puntuación recibida en una prueba de este tipo se compara con la puntuación que recibieron otros niños de la misma edad. Intentan medir lo que el niño sabe, cómo resuelve los problemas y con qué rapidez puede desarrollar diferentes tareas cognoscitivas.

Las pruebas de C. I. y la puntuación obtenida deben utilizarse con cuidado, incluso con escepticismo, cuando se trata de niños pequeños. Las pruebas de C.I. para lactantes y niños en edad preescolar *no constituyen predicciones válidas* del desempeño intelectual futuro o incluso actual. En especial, no predicen cómo se desempeñará un niño en la escuela. (¡El mejor pronóstico de tal desempeño es la educación de la madre!). Aunque la

El examen de visión es importante para identificar problemas.

La localización del sonido es útil para las pruebas informales de audición de niños pequeños

ecológica—Relaciones entre los seres vivos y el medio en que funcionan.

inteligencia esté influida, en cierto grado, por el factor hereditario y por la maduración, los logros de un niño no constituyen un tema del desarrollo por alguna razón importante; las pruebas de C. I. no miden las oportunidades que tuvo de aprender ni la calidad de aquellas experiencias de aprendizaje (tan valiosa como éstas puede ser la cultura del niño). Lo que la cultura dominante impone que el niño debe saber influye en la puntuación que obtendrá el niño. Los niños que se criaron en la pobreza, por ejemplo, o aquellos de hogares donde no se habla inglés con frecuencia no tendrán la oportunidad de contar con la clase de información específica representada por los puntos de la prueba. Las pruebas de C. I. normalizados no toman en cuenta estos factores. Por lo tanto, el solo uso de la puntuación proveniente de las pruebas de C. I. para determinar las capacidades cognoscitivas o intelectuales de un niño *debe cuestionarse.*

Interpretación de los resultados de las pruebas

El uso difundido de los programas de exploración constituye un gran beneficio para detectar posibles problemas en el desarrollo, aunque sus resultados son siempre cuestionables. A veces el mismo proceso de exploración puede ejercer un efecto negativo sobre el resultado. Los lapsos de atención de los niños pequeños son breves y varían considerablemente día a día o de acuerdo con la tarea. Una enfermedad, el cansancio, la ansiedad, la falta de cooperación, la irritabilidad o la inquietud pueden ejercer un efecto negativo en el desempeño. También puede producirse un desempeño deficiente cuando los niños pequeños no están acostumbrados a las pruebas o a la persona que las realiza. Con frecuencia, los niños son capaces de desempeñarse mejor en un ámbito familiar. En consecuencia, *los resultados obtenidos de la valoración y de la exploración deben considerarse con cuidado.* Los puntos que se detallan a continuación sirven como recordatorios tanto para padres como para maestros.

- Interprete y utilice los resultados de las pruebas con mucho cuidado. Evite las conclusiones apresuradas. Ante todo, no acepte un diagnóstico derivado de información limitada o de una puntuación de una sola prueba. Al analizar los resultados de la exploración, tenga en cuenta que las pruebas del desarrollo son, estrictamente, una medida de las *capacidades del niño en un momento determinado.* Es posible que no sea una representación exacta del desarrollo real o potencial del niño. Sólo la observación periódica puede proporcionar una imagen completa de las capacidades y habilidades del desarrollo del niño.
- Nunca desestime la influencia que ejercen el hogar y la familia en el desempeño de un niño. Los procedimientos de exploración más recientes están promoviendo con ahínco la participación familiar y la evaluación de sus preocupaciones, prioridades y recursos. Además, se está enfatizando más la exploración en medios familiares donde los niños se sientan más cómodos y más seguros.
- Reconozca los peligros que existen al catalogar a un niño como incapacitado para

aprender, retrasado mental o con desórdenes en el comportamiento basándose en cualquiera de las pruebas. Además, recuerde que las catalogaciones producen pocos beneficios. Pueden ejercer un efecto negativo sobre las expectativas que se tienen de los niños y en la manera en que los padres, los cuidadores y los maestros le responden.

- *Puntuación a las preguntas de la prueba.* Los resultados de las pruebas pueden interpretarse incorrectamente. Una puede sugerir que el niño sufre un retraso en el desarrollo cuando, en realidad, no ocurre nada malo. Tales conclusiones se denominan *positivos falsos.* Se puede llegar a la conclusión contraria. Es posible que un niño sufra un problema que no aparece en la exploración y, por lo tanto, se lo identifique como normal. Esto se denomina *negativo falso.* La primera situación produce ansiedad y decepción innecesarias en la familia del niño, e incluso modifica la manera en que responden al niño. La otra—el negativo falso—puede tranquilizar a una familia de manera tal que no busque más ayuda y, así, el problema del niño empeora. Es posible evitar ambas situaciones con una interpretación cuidadosa de los resultados de las pruebas de exploración.
- Los resultados de las pruebas de exploración no constituyen un diagnóstico. Es necesario recolectar información adicional y realizar pruebas clínicas profundas antes de dar o confirmar un diagnóstico. Pero incluso así, es posible que ocurran errores al diagnosticar problemas en el desarrollo. Existen muchas razones para que esto ocurra, como los cambios inconsistentes y rápidos en el crecimiento y en los logros del desarrollo del niño o los cambios en los factores ambientales, como el divorcio o la mudanza de la familia.
- Los puntos incorrectos en una prueba de exploración no indican que se deba enseñar un programa o determinadas capacidades. Las capacidades que mide la prueba no son más que puntos que representan un amplio espectro de capacidades que se esperan en un área determinada del desarrollo a una edad aproximada. Un niño que no puede mantenerse en un pie por cinco segundos no solucionará un problema en el desarrollo aunque se le enseñe a hacerlo por un período determinado de tiempo. Debe enfatizarse, una vez más, que las pruebas de exploración no constituyen una base adecuada para la creación de programas de actividades.
- Los resultados de las pruebas *no* predicen el desarrollo futuro del niño. Como ya se enfatizara, las pruebas de exploración miden las capacidades y los logros de un niño al momento de realizarse. En muchos casos, los resultados no se corresponden con pruebas posteriores. Siempre existe la necesidad de continuar con la observación, la valoración y con los diagnósticos clínicos profundos cuando las pruebas de exploración indican problemas o retrasos potenciales.

La mayoría de las escuelas de distritos, en los grados elementales, administran regularmente las *pruebas de logros.* Tales pruebas se designan para medir lo que el niño ha aprendido en la escuela sobre áreas de temas específicos. En ellas, se le asigna al niño una categoría de percentila basada en la comparación con otros niños del mismo nivel. Por ejemplo, un niño que se encuentra en el percentil 50 en matemática va también como el

50 por ciento de los niños en su mismo grado. Una vez más, la puntuación de las pruebas debe estar respaldada por las observaciones que los maestros hagan de los niños y por los ejemplos recolectados (carpetas) del trabajo que éstos realizan.

En conclusión, la observación y la exploración del desarrollo cuidadosas constituyen partes integrales de una valoración completa del niño pequeño. Tales evaluaciones proporcionan información acerca del nivel del niño, aunque sólo al momento de realizarlas. La información obtenida de la observación y de la exploración, cuando se utiliza como un proceso continuo y se interpreta con criterio, contribuye enormemente a la valoración completa del nivel de desarrollo del niño.

Pruebe sus conocimientos

PREGUNTAS DE REVISIÓN

1. Mencione tres preocupaciones que pueden impedir a los padres buscar ayuda para el niño.

    a.

    b.

    c.

2. Mencione tres aspectos del desarrollo en la primera infancia que pueden hacer más difícil el determinar un posible problema.

    a.

    b.

    c.

3. Mencione tres clases de observaciones que proporcionan información respecto del desarrollo de un niño.

    a.

    b.

    c.

4. Mencione tres características de las pruebas adecuadas para explorar a los niños pequeños.

    a.

    b.

    c.

5. Mencione tres razones por las que los resultados de las pruebas de exploración deben interpretarse con cuidado.

   a.

   b.

   c.

VERDADERO O FALSO

1. Los programas de exploración fiables para niños desde el nacimiento hasta los ocho años aún no están disponibles.

2. Siempre es fácil diferenciar al niño con desarrollo normal del que se está desarrollando de manera atípica.

3. Los problemas en el desarrollo siempre se manifiestan al nacer o durante las primeras semanas de vida.

4. Las observaciones realizadas por los padres tienen poco valor.

5. Los resultados de las pruebas de exploración no predicen el éxito académico.

6. Una sola puntuación de la prueba de C. I. es suficiente para determinar la capacidad intelectual de un niño tanto actual como futura.

7. Un nivel alto de la madre constituye un pronóstico bastante seguro del éxito del niño en la escuela.

8. Las pruebas de exploración miden la habilidad de un niño sólo al momento de realizarlas.

9. Las puntuaciones de las pruebas de logros con frecuencia se expresan en categorías de percentilas.

10. El nivel económico de una familia ejerce poca influencia sobre el desempeño de un niño en las pruebas de exploración.

OPCIÓN MÚLTIPLE   *Seleccione una o más respuestas correctas de las listas que siguen.*

1. Los padres que temen que haya algún problema con su hijo

   a. buscarán ayuda de inmediato.

   b. pueden no estar seguros de la manera de buscar ayuda.

   c. es posible que no busquen ayuda porque un profesional les recomendó que no se preocupen, que el niño superará el problema.

2. Es posible que sea difícil identificar problemas en el desarrollo incluso para los profesionales ya que

   a. un niño con un problema puede ser bastante normal en muchas áreas.

   b. un niño puede aprender a compensar un problema en el desarrollo (aprende a evadirlo).

   c. el niño no puede hablar e informar al profesional de lo que sucede.

3. Al evaluar a niños pequeños, la observación de primera mano es importante ya que

   a. la observación revela lo que el niño puede realmente hacer bajo condiciones diarias.

   b. la observación confirma o descarta sospechas o impresiones casuales acerca del niño.

   c. un niño puede demostrar poseer capacidades durante la observación de una clase que no demostró durante una prueba formal.

4. Las pruebas de exploración se diseñan para

   a. predecir el éxito académico futuro de un niño.

   b. determinar los niños que necesitan ayuda especial.

   c. determinar las capacidades específicas que se deben enseñar a un niño.

5. Los resultados de las pruebas de exploración

   a. pueden indicar la necesidad de otra evaluación.

   b. constituyen una evidencia suficiente para catalogar a un niño hiperactivo.

   c. pueden producir una interpretación positiva falsa o negativa falsa.

6. La puntuación de las pruebas

   a. siempre proporciona una valoración exacta de las capacidades del niño y los padres o los cuidadores nunca deben cuestionarla.

   b. con frecuencia refleja lo que el niño siente un día específico, y no su mejor desempeño.

   c. es suficiente para formular un diagnóstico completo y una guía de tratamiento para niños con problemas en el desarrollo.

CAPÍTULO 9

DÓNDE BUSCAR AYUDA

Cuando los resultados de las pruebas de exploración, de valoración u otras indican la posibilidad de que exista un retraso en el desarrollo, son necesarios una comunicación inmediata y una intervención precoz. Los servicios de intervención adecuados pueden ayudar a minimizar los efectos de los retrasos en otras áreas del desarrollo y mejorar las posibilidades de los niños de alcanzar su potencial. Sin embargo, los padres, en especial aquellos que no cuentan con un coordinador de servicios familiares, pueden sentirse desconcertados y abrumados por la complejidad de la terminología profesional y de los sistemas de diferentes proveedores de servicios. Como resultado, es posible que algunos no tomen ninguna acción y, de esta manera, retrasen las oportunidades de intervención que tanto valor tienen para el niño. Cuando a las familias se les proporcionan explicaciones y ayuda razonables para localizar los programas y los servicios adecuados, se pueden evitar tales peligros. De esta manera, se atiende mejor a un niño cuando las familias, los maestros, los profesionales al cuidado de la salud y los demás miembros del equipo para el desarrollo conocen los derechos de los padres y la riqueza de los programas y de los recursos disponibles.

LEGISLACIÓN Y POLÍTICA ESTATAL

Muchas leyes históricas han ejercido influencia sobre la política en favor de los lactantes y de los niños pequeños durante las últimas tres décadas. Cada una de ellas ha sido redactada para reducir los problemas en el desarrollo mediante la prevención, la identificación precoz y mediante los programas de intervención adecuados. Estas leyes no sólo aseguraron que los niños y sus familias gocen de derechos específicos, sino que también influyeron en la actitud estatal. Entre tales leyes se incluyen:

- **P.L. 88-452** (1965). Esta ley, que es reflejo de la reforma contra la pobreza de 1960, establece la instauración del programa "Head Start" y de sus servicios adicionales, incluyendo la exploración del desarrollo, los servicios médico y odontológico, la nutrición, la formación de los padres, y la educación precoz para los niños de tres y cuatro años que se encuentren en el nivel de pobreza o debajo de él. Los beneficios, en lo que respecta a la educación y al desarrollo para los niños con menos posibilidades, han sido documentados por estudios recientes y, de esta manera, han contribuido a continuar aumentando con los años los fondos del gobierno. Las reformas realizadas en 1972 y en 1974 abrieron los programas "Head Start" a los niños con discapacidades.

- **"Early and Periodic Screening, Diagnosis, and Treatment Program" (EPSDT, programa de exploración, diagnóstico y tratamiento precoces y periódicos)** (1967). Este programa nacional se agregó al Medicaid y su fin es localizar y evaluar a los niños con riesgos de sufrir problemas médicos y psicológicos en el desarrollo, así como satisfacer las necesidades de la familia.
- **"Supplemental Feeding Program for Women, Infants, and Children" (WIC, programa adicional de alimentación para mujeres, lactantes y niños)** (1972). Esta ley desarrolló un programa cuyo fin es mejorar la salud de la madre durante el embarazo, promover un desarrollo completo del feto y aumentar el peso de los niños recién nacidos. Se proporcionan supervisión médica, cupones para alimentos y educación sobre alimentación a las mujeres embarazadas de bajos ingresos y a sus hijos de hasta cinco años.
- **P.L. 94-142** (1975). Originalmente denominada **"Education for All Handicapped Children Act" (EHA, ley de educación para todos los niños discapacitados),** se cambió su denominación por la de **"Individuals with Disabilities Education Act" (IDEA, ley de educación para personas con discapacidades)** (P.L. 101-476) en 1990. Un intento muy importante de esta ley fue el de motivar a los estados a que, mediante incentivos monetarios, provean prevención, tratamiento e "Individualized Educational Plans" (IEP, planes individualizados de educación) exhaustivos para niños de tres a cinco años con problemas en el desarrollo o en riesgo de sufrirlos. (Los estados pueden optar por no imponer tales servicios.)
- **P.L. 99-547 "Education of the Handicapped Act Amendments" (Reformas a la ley de educación para discapacitados)** (1986). Estas reformas a la P.L. 94-142 son particularmente notables ya que demandan de los estados proveer servicios de educación especial exhaustivos a los niños con discapacidades y retrasos en el desarrollo e incluir a las familias en el "Individualized Family Service Plan" (IFSP, Plan de servicio para la familia individualizado). En la actualidad, todos los estados proporcionan programas de educación gratuitos y adecuados para todos los niños de tres a cinco años. Además, las leyes extienden los programas de intervención a los lactantes y a los niños que aprenden a caminar (Parte H); esta parte de la ley no es obligatoria y, por lo tanto, no todos los estados proporcionan este servicio. Cada uno de los estados que sí lo proporciona determina sus propios criterios para establecer las condiciones que califican los retrasos en el desarrollo. Características adicionales de esta ley son el énfasis que da a la valoración multidisciplinaria, la designación de un coordinador de servicio, un enfoque orientado a la familia para los problemas del niño y un sistema de coordinación de servicio.
- **P.L. 101-336 "Americans with Disabilities Act" (ADA, ley de norteamericanos con discapacidades)** (1990). Esta ley nacional de derechos civiles protege a los discapacitados contra la discriminación. Su fin principal es derribar las barreras que interfieren en la inclusión plena de los discapacitados en todos los aspectos de la sociedad—educación, trabajo y servicios públicos. Las consecuencias para los niños y sus familias son claras; por ley, los programas de cuidado de los niños deben adaptar sus sistemas y sus programas para acomodarse a los niños con discapacidades.

EL EQUIPO PARA EL DESARROLLO

La promulgación de las leyes, los descubrimientos de las investigaciones y los cambios en la conciencia pública han cambiado significativamente las prácticas de educación actuales, las políticas y la disponibilidad de programas para niños con retrasos y discapacidades en el desarrollo. Las mejores prácticas sugieren que un enfoque eficaz para tales problemas requiere un consorcio de conocimiento y de experiencia multidisciplinaria—en otras palabras, un enfoque de equipo. La información reunida en una serie de entrevistas, en las observaciones y en la exploración exhaustiva del desarrollo proporciona la imagen más exacta de la manera en que un retraso en un área afecta el desarrollo en otras, de la misma manera que el progreso en un área respalda el progreso en otras. Por ejemplo, un niño de dos años con una pérdida de la audición moderada puede experimentar retrasos en el desarrollo del lenguaje, cognoscitivo y social. Por lo tanto, es posible que las estrategias de intervención adecuadas para este niño requieran la intervención y los servicios de un audiólogo, un profesional en terapia del habla y del lenguaje, un maestro de primera infancia, una enfermera y, quizás, un organismo de servicio social. Sin embargo, si un enfoque de equipo beneficia el desarrollo completo del niño, la comunicación y la cooperación eficaces entre los especialistas, los proveedores de servicios y la familia son esenciales.

La ley federal establece que los padres deben participar en todas las fases de los procesos de valoración e intervención. Éstos, al trabajar en colaboración con los profesionales, se vuelven miembros importantes del equipo para el desarrollo del niño. Un enfoque centrado en la familia mejora el intercambio de información importante y permite a los padres aprender y realizar las recomendaciones de las terapias en casa. Es posible lograr el interés y la participación continuos en el programa de intervención de su hijo si el equipo para el desarrollo:

- mantiene a los padres informados,
- explica las bases para los procedimientos del tratamiento,
- enfatiza el progreso del niño,
- enseña a los padres la manera de trabajar con el niño en casa,
- demuestra a los padres reacciones positivas por el esfuerzo y el apoyo continuos en favor del niño,

Identificación de un problema.

COMUNICACIÓN

El proceso de comunicación implica un enfoque con diversos pasos. En principio, la fuerza, la debilidad y las capacidades de desarrollo del niño se evalúan por un equipo de valoración. Además, deben tenerse en cuenta las necesidades y los recursos de la familia (por ejemplo, financieros, psicológicos, físicos y de transporte) disponibles para el cuidado del niño. Por ejemplo, si una familia no puede pagar los servicios especiales, no conoce los programas de asistencia financiera y no posee un auto, es poco probable que lleve a cabo las recomendaciones del tratamiento profesional. Sin embargo, no es frecuente que tales problemas sean insuperables. La mayoría de las comunidades cuentan con personas y con organismos de servicios sociales disponibles para ayudar a las familias a localizar y a utilizar los servicios necesarios.

Una vez que se identifican las prioridades de un niño y su familia puede planearse un programa de intervención. De acuerdo con la naturaleza del retraso en el desarrollo, se puede seleccionar un niño para que reciba servicios especiales. Se realiza un "Individual Family Service Plan" (IFSP, Plan de servicio para la familia individual—para lactantes y niños que aprenden a caminar) o un "Individualized Educational Plan" (IEP, Plan individualizado de educación—para niños preescolares hasta la edad escolar) a fin de satisfacer las necesidades individuales del niño. Un coordinador de servicios familiares trabaja junto con la familia, emparejando sus necesidades con organismos de servicio y programas de educación de la comunidad. El coordinador de servicios, además, ayuda a la familia a establecer los contactos iniciales y a realizar los trámites finales.

Para muchas familias, el proceso de acercarse a varios organismos y de hacer frente a las reglas burocráticas es abrumador. Como resultado, con frecuencia no realizan, o no pueden realizar, los trámites necesarios, a menos que reciban ayuda y apoyo constantes. La función del coordinador de servicios es tan importante para el éxito de la intervención que se estableció en una ley federal (P.L. 99-457) para ayudar a las familias y a los niños pequeños con discapacidades en el desarrollo.

Con frecuencia se recomienda, como parte del plan de intervención del niño, su ubicación en un escenario de educación para la primera infancia. En tales escenarios, los maestros de clase y los demás miembros del equipo para el desarrollo realizan valoraciones continuas del progreso del niño. Además, verifican si la ubicación y los servicios especiales son los adecuados de acuerdo a fundamentos comunes, a fin de determinar si se satisfacen las necesidades del niño y de su familia. Este paso es especialmente importante para los lactantes y para los niños que aprenden a caminar, ya que sus necesidades del desarrollo cambian con rapidez. Es necesario que, durante todo el proceso, haya una comunicación y un apoyo continuo entre los maestros, los médicos y los padres, a fin de asegurar que el programa de intervención brindará un máximo beneficio al niño.

RECURSOS

Existen muchos recursos disponibles para las familias, maestros y proveedores de servicios que trabajan con niños pequeños. Estos se proporcionan a nivel comunitario, estatal y nacional y se clasifican en dos categorías importantes: servicios directos y fuentes de información.

Servicios directos

Varios organismos y organizaciones proporcionan exploraciones del desarrollo y servicios directos a niños con retrasos y a las familias. Muchos proveen también asistencia técnica a los educadores y profesionales que trabajan con ellos. Además , los organismos, por sí mismos, con frecuencia sirven como una fuente de comunicación valiosa ya que tienen relación con otros servicios, programas y especialistas calificados comunitarios, entre los que se incluyen:

- Programas de exploración "Child Find".
- "Interagency Coordinating Councils" (ICC, consejos de coordinación entre organismos).
- Centros para la primera infancia y programas terapéuticos para niños diferentes.
- Departamentos de salud pública de las ciudades, condados y estados.
- Distritos de escuelas públicas locales, principalmente las divisiones de servicios especiales.
- Hospitales, centros médicos y clínicas pediátricas.
- "University-Affiliated Programs" (UAPs, Programas afiliados a la universidad).
- Programas "Head Start" y "Even Start".
- Centros de salud mental.
- Médicos profesionales: pediatras, enfermeros, psicólogos, audiólogos, oftalmólogos, especialistas en primera infancia, educadores, profesionales en terapia del habla y del lenguaje, profesionales en terapia ocupacional y física y trabajadores sociales.

Además, la mayor parte de las comunidades también ofrecen diferentes servicios y organismos, cuyo fin es ayudar a las familias a hacer frente a los desafíos y exigencias especiales que implica el cuidado de un niño con discapacidades en el desarrollo. Los problemas en el desarrollo de un niño afectan a cada miembro de la familia y, con frecuencia, provocan estrés y cambios ineludibles del estilo de vida. Sin embargo, es posible evitar o aliviar muchos problemas emocionales y financieros si la familia recibe ayuda y apoyo precoces, como pueden ser asesoramiento matrimonial, gestión financiera, asesoramiento en salud mental, cuidado médico o ayuda en el transporte, las tareas del hogar o el cuidado del niño.

Asimismo, también puede proporcionarse ayuda directa gracias a los esfuerzos de los grupos de servicios locales. Estas organizaciones conocen las necesidades de la comunidad y, con frecuencia, proporcionan diversas e importantes clases de ayuda, inclusive donaciones económicas, transporte, **cuidado de alivio** y ayuda con la compra de equipos especiales. Los grupos de ayuda a padres representan aún otro recurso de servicio directo. Tales grupos comunitarios proporcionan a las familias oportunidades de compartir sus experiencias diarias con otras familias con problemas y preocupaciones similares. También es posible apoyarlos y estimularlos mientras trabajan por fortalecer sus capacidades como padres, aprendiendo la manera de manejar, con eficacia, el comportamiento de niños con necesidades especiales. Además, muchas organizaciones nacionales ofrecen ayuda directa a niños y familias con necesidades específicas.

Es posible encontrar sus direcciones en la mayoría de las guías telefónicas o en la *"Encyclopedia of Associations" (Enciclopedia de asociaciones)* que se encuentra en las bibliotecas públicas. Muchas de estas organizaciones también cuentan con sitios en Internet para facilitar el acceso, entre los que se encuentran:

---

cuidado de alivio—*Ayuda para el cuidado del niño que se proporciona a las familias a fin de permitirles un alivio temporal de las exigencias que implica cuidar a un niño discapacitado.*

**Diferentes organismos proporcionan
servicios para niños con problemas en
el desarrollo.**

- "Down Syndrome Children" (Niños con síndrome de Down) (*www.downsnet.org*)
- "The American Foundation for the Blind" (Fundación estadounidense para ciegos) (*www.afb.org*)
- "Learning Disabilities Association" (Asociación de discapacidades para el aprendizaje) (*www.ldanatl.org*)
- "The United States Cerebral Palsy Athletic Association" (La asociación atlética para la parálisis cerebral de los Estados Unidos) (*www.uscpaa.org*)
- "The Autism Society of America" (Sociedad de autismo de Estados Unidos) (*www.autism-society.org*)
- "American Speech, Language, Hearing Association" (ASHA, Asociación estadounidense del habla, el lenguaje y la audición) (*www.asha.org*)
- "Epilepsy Foundation of America" (Fundación de epilepsia de Estados Unidos (*www.efa.org*)
- "National Easter Seals" (Sellos de pascua nacionales) (*www.easter-seals.org*)

Existen también diferentes programas y organizaciones cuyo fin es proveer ayuda directa y técnica a programas de educación y a organismos que se dedican a los niños pequeños con discapacidades en el desarrollo. Además, muchos de estos grupos también ofrecen material de instrucción. Ejemplos de tales organismos son:

- "National Information Center for Children and Youth with Disabilities" (Centro de información nacional para niños y jóvenes con discapacidades).
- "Head Start Resource Access Projects" (RAP, proyectos de acceso a los recursos de activación mental). Su propósito es ayudar a los programas "Head Start" a ofrecer servicios exhaustivos a niños con problemas en el desarrollo.
- "National Early Childhood-Technical Assistance System" (NEC-TAS, sistema nacional de asistencia técnica para la primera infancia). Este organismo ofrece varias clases de asistencia a los proyectos con apoyo federal para niños con discapacidades

- "American Printing House for the Blind" (Imprenta estadounidense para ciegos). Este grupo produce materiales y servicios para niños con defectos de visión, inclusive libros parlantes, revistas en sistema braille y libros grandes, como así también materiales para los educadores de los niños ciegos o disminuidos visuales.

Fuentes de información

Se publica mucha información para padres, cuidadores y profesionales que trabajan con niños con problemas en el desarrollo. Es posible obtener muchas revistas profesionales, publicaciones del gobierno, CD-ROMS y libros de referencia en la mayoría de las bibliotecas públicas y universitarias. Los grupos de interés especiales y las organizaciones profesionales también producen mucho material impreso para niños en alto riesgo y aquellos con retrasos en el desarrollo. Aquí sólo se mencionan algunos:

- Revistas y periódicos profesionales, tales como *"Journal of the Division for Early Childhood" (Revista de la división para la primera infancia), "Topics in Early Childhood Special Education" (Temas de educación especial para la primera infancia), "Exceptional Children" (Niños diferentes)* y *"Teaching Exceptional Children" (La enseñanza de niños diferentes).*
- Revistas regulares para padres, tales como *"Parents of Exceptional Children" (Padres de niños diferentes), "Parenting" (Ser padres)* y *"Parents Magazine" (Revista de los padres).*
- Documentos, informes y folletos del gobierno. Éstos cubren prácticamente todos los temas relacionados con el desarrollo, el cuidado, la intervención precoz y la nutrición de los niños, así como el rol de los padres y los problemas específicos del desarrollo. Las publicaciones pueden obtenerse escribiendo al superintendente de documentación: Superintendent of Documents, U.S. Government Printing Office, Washington, DC 20402; muchos de ellos están disponibles en los edificios locales del gobierno, inclusive en bibliotecas públicas y en Internet.
- Los índices y los resúmenes bibliográficos, en general, se encuentran en las bibliotecas de las universidades, de las escuelas universitarias y en las públicas más importantes. Estos documentos son particularmente útiles para los estudiantes y los médicos que necesitan encontrar información sobre temas específicos con rapidez. Entre los muchos ejemplos, se incluyen los dos que se mencionan:

    - "The Review of Child Development" (El examen del desarrollo del niño).
    - "Current Topics in Early Childhood Education" (Temas actuales de la educación en la primera infancia).

- Las asociaciones profesionales que trabajan con temas relacionados con los niños incluyen:

    - "Council for Exceptional Children" (CEC, consejo para niños diferentes), en especial la "Division for Early Childhood" (DEC, división de la primera infancia) dentro del Consejo (*www.cec.sped.org*)

- "National Association for the Education of Young Children" (NAEYC, asociación nacional para la educación de los niños pequeños) (*www.naeyc.org./naeyc*)
- "Association for Retarded Citizens" (ARC, asociación para ciudadanos con retrasos) (*www.thearc.org*)
- "American Association on Mental Retardation" (AAMR, asociación estadounidense de retraso mental) (*www.aamr.org*)
- Children's Defense Fund (Fundación para la defensa del niño) (*www.childrensdefense.org*)
- "American Speech, Language, Hearing Association" (ASHA, asociación estadounidense del habla, el lenguaje y la audición) (*www.asha.org*)
- "National Parent Information Network" (NPIN, red nacional de información para padres) (*http://ericps.ed.uiuc.edu/npin/npinhome.html*)
- "American Academy of Pediatrics" (Academia estadounidense de pediatría) (*www.aap.org*)
- "American Public Health Association" (Asociación estadounidense de salud pública) (*www.apha.org*)
- "The National Information Center for Children and Youth with Disabilities" (El centro de información nacional para niños y jóvenes con discapacidades) (*www.nichcy.org*)

En conclusión, buscar ayuda para niños con retrasos o discapacidades en el desarrollo no es una cuestión simple. Con frecuencia, los temas son complejos—algunos niños presentan enredos de problemas en el desarrollo interrelacionados que tienden a multiplicarse cuando no se tratan durante los cinco primeros y más importantes años de vida. Por lo tanto, la intervención eficaz debe comenzar temprano, ser exhaustiva, integrada y continua. Debe tener en cuenta las múltiples áreas del desarrollo al mismo tiempo. Tal esfuerzo requiere trabajo de equipo por parte de los especialistas de diversas disciplinas, proveedores de servicios y organismos que trabajan en cooperación con el niño y la familia. Además, es necesaria la conciencia de la legislación y de la política estatal que afectan a los servicios para niños con problemas en el desarrollo y sus familias, así como también de los recursos disponibles y los medios eficaces de colaboración. Sólo entonces los niños y las familias se beneficiarán por completo de un enfoque de equipo de intervención precoz.

> ### *Pruebe sus conocimientos*

PREGUNTAS DE REVISIÓN

1. Mencione tres proveedores profesionales que, por lo general, trabajan en un equipo para el desarrollo.

    a.

    b.

    c.

2. Mencione tres maneras en que un equipo para el desarrollo puede estimular la participación de la familia.

   a.

   b.

   c.

3. Mencione tres fuentes en las que los servicios de intervención están disponibles para un niño y su familia con problemas en el desarrollo.

   a.

   b.

   c.

4. Mencione tres organizaciones que trabajan sólo con discapacidades del desarrollo específicas.

   a.

   b.

   c.

5. Mencione tres leyes federales promulgadas desde 1970 destinadas a los niños pequeños que se encuentran en peligro de sufrir una condición de discapacidad o que, efectivamente, la sufren.

   a.

   b.

   c.

VERDADERO O FALSO

1. Es poco frecuente que los padres tengan dificultades para disponer de los servicios de intervención, en especial cuando se preocupan por el niño.

2. Un retraso en un área del desarrollo casi siempre afecta al progreso en otras.

3. Un padre con un ingreso limitado probablemente no podrá pagar la mayoría de los programas y los servicios de intervención para un niño con discapacidades.

4. Los coordinadores de servicios familiares constituyen un gasto innecesario, incluso un lujo, en la mayoría de los equipos para el desarrollo.

5. Publicaciones adecuadas para uso de padres y maestros están disponibles en organismos gubernamentales.

6. El WIC es un programa federal cuyo fin es ayudar a las madres sin empleo a aprender una profesión.

7. Una intervención eficaz debe tratar todas las áreas del desarrollo simultáneamente.

8. Los programas "Child Find" están diseñados para localizar a los niños perdidos y aquellos que sufren abusos.

9. Con frecuencia, los equipos para el desarrollo recomiendan la ubicación en programas para la primera infancia.

10. Hasta que los profesionales hayan completado las valoraciones, los padres deben desempeñar sólo un papel limitado en los procesos de exploración e intervención.

OPCIÓN MÚLTIPLE *Seleccione una o más respuestas correctas de las listas que siguen.*

1. Un niño pequeño que padece una pérdida de audición no detectada puede tener problemas en

   a. el lenguaje.

   b. el desarrollo social.

   c. el desarrollo cognoscitivo.

2. Entre las organizaciones que proporcionan asistencia a los niños discapacitados y sus familias se incluyen

   a. "Autism Society of America" (Sociedad de autismo de Estados Unidos).

   b. "Audubon Society" (Sociedad para la conservación de la naturaleza).

   c. "American Foundation for the Blind" (La fundación estadounidense para ciegos).

3. La función del coordinador de servicios familiares es

   a. asistir a los padres durante el proceso de equipo.

   b. mantener a los padres informados de cada paso que tome el equipo respecto del niño.

   c. reprender a los padres cuando no llevan los informes o no asisten a las reuniones con los miembros del equipo.

4. El proceso de comunicación incluye

   a. la identificación de los problemas de un niño.

   b. las decisiones respecto de qué profesionales satisfarán mejor las necesidades del niño.

   c. ayudar a conseguir transporte para las familias que no pueden hacerlo por sí mismas.

5. La P.L. 99-457 establece

   a. un plan de servicio individual (ISP) para toda la familia.

   b. fondos federales para instaurar programas de identificación e intervención precoces dentro de cada estado.

   c. multas severas para los padres o maestros que no informan una condición de discapacidad a las autoridades correspondientes.

APÉNDICE 1

RESUMEN DE REFLEJOS

Edad	Aparece	Desaparece
Desde el nacimiento	tragar*, vomitar*, toser*, bostezar*, parpadear succionar localizar Moro (sobresaltarse) asir dar pasos plantar eliminación Reflejo tónico del cuello (TNR)	
1 a 4 meses	Landau llorar* (con lágrimas)	asir succionar (se hace voluntario) dar pasos localizar Reflejo tónico del cuello (TNR)
4 a 8 meses	paracaídas asimiento palmar asimiento de pinza	Moro (sobresaltarse)
8 a 12 meses		asimiento palmar reflejo plantar
12 a 18 meses		
18 a 24 meses		Landau
3 a 4 años		paracaídas eliminación (se hace voluntario)

*Son permanentes; están presentes durante toda la vida.

APÉNDICE 2

LISTAS DE COMPROBACIÓN DEL DESARROLLO

Una lista sencilla, una para cada niño, constituye una herramienta de observación muy útil para cualquiera que trabaje con lactantes y niños pequeños. Las preguntas de las listas que siguen pueden responderse durante las actividades diarias del niño y por una semana o más. Las respuestas "negativas" implican que se realizará una investigación posterior. Muchas respuestas "negativas" indican que la investigación posterior es una necesidad.

La categoría "a veces" es importante. Sugiere lo que el niño puede hacer, al menos algunas veces o bajo determinadas circunstancias. Además, se proporciona un espacio donde pueden registrarse notas y comentarios breves respecto de la manera y la frecuencia en que se produce un comportamiento. En muchos casos, es posible que un niño sólo necesite más ejercicio, incentivo o estímulo por parte de los adultos. Con frecuencia, las sospechas proporcionan un buen punto de partida para trabajar con el niño. Una vez más, si aparece el "a veces" con cierta frecuencia, se recomienda una investigación posterior.

Las listas de observación pueden copiarse y utilizarse como parte del proceso de valoración. Una lista completa contiene información muy útil respecto de un niño para que los miembros del equipo para el desarrollo evalúen su nivel de desarrollo y determinen un programa de intervención.

Nombre del niño _____ Edad _____

Observador _____ Fecha _____

LISTA DE COMPROBACIÓN DEL DESARROLLO

AL AÑO DE EDAD: El niño, . . .	Sí	No	A veces
¿Camina con ayuda?			
¿Hace rodar una pelota imitando a un adulto?			
¿Agarra objetos con el pulgar y el índice?			
¿Pasa objetos de una mano a la otra?			
¿Levanta los juguetes caídos?			
¿Mira directamente a la cara de un adulto?			
¿Imita los gestos: cucú, decir adiós, jugar a las "tortitas"?			
¿Encuentra objetos escondidos debajo de una taza?			
¿Come galletas solo (masticándolas, no succionándolas)?			
¿Sostiene una taza con las dos manos; bebe con ayuda?			
¿Sonríe espontáneamente?			
¿Presta atención cuando oye su nombre?			
¿Responde al "no"?			
¿Responde de manera diferente a los extraños que a las personas familiares?			
¿Responde diferente a los sonidos: del lavarropas, del teléfono, de la puerta?			
¿Mira a la persona que le habla?			
¿Responde a instrucciones sencillas acompañadas por gestos?			
¿Produce diferentes combinaciones de sonidos con vocales y consonantes?			
¿Responde con vocalizaciones a la persona que le habla?			
¿Utiliza patrones de entonación que suenan como reprimendas, preguntas, exclamaciones?			
¿Dice "pa-pa" o "ma-ma"?			

LISTA DE COMPROBACIÓN DEL DESARROLLO

Nombre del niño _____ Edad _____

Observador _____ Fecha _____

LISTA DE COMPROBACIÓN DEL DESARROLLO

A LOS DOS AÑOS DE EDAD: El niño, . . .	Sí	No	A veces
¿Camina solo?			
¿Se inclina y levanta un juguete sin caerse?			
¿Se sienta solo en una silla a su medida?			
¿Sube y baja las escaleras con ayuda?			
¿Coloca varios aros en una vara?			
¿Coloca cinco broches en un tablero para broches?			
¿Pasa las páginas de dos en dos o de tres en tres?			
¿Hace garabatos?			
¿Sigue instrucciones con un solo paso relacionadas con algo familiar: "Dame—." "Muéstrame—".? "Trae—".?			
¿Compara objetos familiares?			
¿Usa una cuchara volcando un poco su contenido?			
¿Bebe de una taza sosteniéndola con una sola mano, sin ayuda?			
¿Mastica la comida?			
¿Se quita el abrigo, los zapatos, las medias?			
¿Abre y cierra una cremallera grande?			
¿Se reconoce en el espejo o en una fotografía?			
¿Se refiere a sí mismo por su nombre?			
¿Imita a los adultos cuando juega—por ejemplo, alimenta al "bebé"?			
¿Ayuda a recoger las cosas?			
¿Responde a palabras específicas cuando se le muestra lo que se mencionó: un juguete, una mascota, un miembro de la familia?			
¿Pide las cosas que desea por su nombre: (galleta)?			
¿Responde con el nombre de los objetos cuando se le pregunta "Qué es eso"?			
¿Realiza oraciones con dos palabras: "Adiós papi"?			

Nombre del niño _____   Edad _____

Observador _____   Fecha _____

LISTA DE COMPROBACIÓN DEL DESARROLLO

A LOS TRES AÑOS DE EDAD: El niño, . . .	Sí	No	A veces
¿Corre adecuadamente hacia delante?			
¿Salta en el lugar con los dos pies juntos?			
¿Camina en puntas de pie?			
¿Arroja una pelota (aunque sin dirección u objetivo)?			
¿Patea una pelota hacia delante?			
¿Ensarta cuatro cuentas grandes en una cuerda?			
¿Pasa las páginas de un libro una a una?			
¿Sostiene los lápices: imita las líneas circulares, verticales y horizontales?			
¿Relaciona figuras?			
¿Demuestra entender los conceptos numéricos de uno y dos? (Puede elegir entre uno o dos; puede decir si hay uno o dos objetos)			
¿Utiliza la cuchara sin volcar su contenido?			
¿Bebe de un sorbete?			
¿Se pone y se quita el abrigo?			
¿Se lava y se seca las manos con un poco de ayuda?			
¿Mira a otros niños; juega cerca de ellos; a veces participa del juego?			
¿Defiende sus pertenencias?			
¿Utiliza símbolos cuando juega—por ejemplo, una olla en la cabeza es un casco y una caja es una nave espacial?			
¿Responde al "Pon _____ en la caja," "Saca el _____ de la caja"?			
¿Elige el objeto adecuado cuando se le pide: entre grande y pequeño; entre uno y dos?			
¿Identifica los objetos por su uso: muestra su zapato cuando se le pregunta, "¿Qué llevas puesto en los pies?"			
¿Formula preguntas?			
¿Realiza frases funcionales con significado: "Papi va avión". "Yo hambre ahora"?			

LISTA DE COMPROBACIÓN DEL DESARROLLO

Nombre del niño _____   Edad _____

Observador _____   Fecha _____

LISTA DE COMPROBACIÓN DEL DESARROLLO

A LOS CUATRO AÑOS DE EDAD: El niño, . . .	Sí	No	A veces
¿Camina en línea?			
¿Se mantiene, por poco tiempo, en equilibrio con un solo pie?			
¿Salta con un pie?			
¿Salta sobre un objeto 15 centímetros más alto y cae con los dos pies juntos?			
¿Arroja una pelota con dirección?			
¿Copia círculos y cruces?			
¿Identifica seis colores?			
¿Cuenta hasta 5?			
¿Se sirve bien de una jarra?			
¿Esparce manteca, mermelada con un cuchillo?			
¿Abrocha y desabrocha botones grandes?			
¿Conoce su sexo, su edad, su apellido?			
¿Utiliza el baño solo y de manera confiable?			
¿Se lava y se seca las manos sin ayuda?			
¿Presta atención a historias durante, al menos, 5 minutos?			
¿Dibuja la cabeza de las personas y, al menos, alguna otra parte del cuerpo?			
¿Juega con otros niños?			
¿Sabe compartir, jugar por turnos (con un poco de ayuda)?			
¿Participa en juegos de teatralización y de simulación?			
¿Responde adecuadamente al "Ponlo al lado", "Ponlo debajo"?			
¿Responde a instrucciones con dos pasos: "Dame el suéter y pon el zapato en el suelo"?			
¿Selecciona el objeto correcto—por ejemplo, entre uno duro y otro blando?			
¿Formula preguntas con "si", "qué" y "cuándo"?			
¿Responde a preguntas sobre funciones: "¿Para qué sirven los libros"?			

Nombre del niño _____   Edad _____

Observador _____   Fecha _____

LISTA DE COMPROBACIÓN DEL DESARROLLO

A LOS CINCO AÑOS DE EDAD:	Sí	No	A veces
El niño, . . .			
¿Camina hacia atrás apoyando primero el talón, luego los dedos?			
¿Sube y baja las escaleras alternando los pies?			
¿Corta en línea? ¿Dibuja algunas letras?			
¿Señala y nombra tres figuras?			
¿Agrupa elementos comunes que guardan cierta relación: zapato, media y pie. Manzana, naranja y ciruela?			
¿Demuestra conocer los conceptos numéricos hasta el 4 o el 5?			
¿Corta la comida con un cuchillo: apio, sandwich?			
¿Se ata los zapatos?			
¿Lee un libro de cuentos con dibujos —con otras palabras, cuenta la historia mirando los dibujos?			
¿Dibuja una persona con tres o seis partes del cuerpo?			
¿Juega e interactúa con otros niños; participa en juegos de teatralización parecidos a la realidad?			
¿Construye estructuras complejas con bloques u otros materiales de construcción?			
¿Responde a instrucciones de tres pasos simples: "Dame el lápiz, ponlo sobre la mesa y sostén el peine con la mano"?			
¿Responde correctamente cuando se le pide que muestre una moneda de un centavo, de cinco o de diez?			
¿Formula preguntas utilizando "cómo"?			
¿Responde verbalmente al "Hola" y al "Cómo te va"?			
¿Cuenta los hechos utilizando los tiempos pasado y futuro?			
¿Utiliza las conjunciones para unir las palabras y las frases—por ejemplo, "Vi un oso y una cebra y una jirafa en el zoológico"?			

LISTA DE COMPROBACIÓN DEL DESARROLLO

Nombre del niño _____   Edad _____

Observador _____   Fecha _____

LISTA DE COMPROBACIÓN DEL DESARROLLO

A LOS SEIS AÑOS DE EDAD: El niño, . . .	Sí	.No	A veces
¿Camina sobre una barra para equilibrio?			
¿Salta alternando los pies?			
¿Salta durante varios segundos con un solo pie?			
¿Recorta formas simples?			
¿Copia su nombre?			
¿Demuestra poseer conceptos correctos sobre las manos; demuestra saber cuál es la derecha y cuál la izquierda?			
¿Ordena objetos por una o más características: color, forma o función?			
¿Menciona la mayoría de las letras y los números?			
¿Cuenta de memoria hasta 10; sabe qué numero sigue?			
¿Se viste solo por completo, hace moños?			
¿Se lava los dientes solo?			
¿Posee cierto concepto del horario en relación con las rutinas diarias?			
¿Cruza la calle sin peligro?			
¿Dibuja una persona con la cabeza, el tronco, las piernas, los brazos y los rasgos; con frecuencia le agrega ropa?			
¿Juega juegos de mesa simples?			
¿Juega de manera cooperativa con otros niños, participa de las decisiones del grupo, en la designación de roles, en el cumplimiento de las normas?			
¿Utiliza juguetes de construcción, como Leggos, bloques, para construir figuras reconocibles?			
¿Resuelve rompecabezas de quince piezas?			
¿Utiliza todas las estructuras gramaticales: pronombres, plurales, tiempos verbales, conjunciones?			
¿Utiliza oraciones complejas: sigue conversaciones?			

Nombre del niño_____ Edad _____

Observador _____ Fecha _____

LISTA DE COMPROBACIÓN DEL DESARROLLO

A LOS SIETE AÑOS DE EDAD: El niño, . . .	Sí	No	A veces
¿Se concentra en finalizar rompecabezas y juegos de mesa?			
¿Hace muchas preguntas?			
¿Utiliza correctamente los tiempos verbales, el orden de las palabras y la estructura de la oración en la conversación?			
¿Identifica correctamente la mano derecha y la izquierda?			
¿Tiene facilidad para hacer amigos?			
¿Demuestra poseer cierto control del enojo, utilizando las palabras en lugar de la agresión física?			
¿Participa de juegos que requieren el trabajo de equipo y el cumplimiento de normas?			
¿Busca la aprobación de los adultos por sus esfuerzos?			
¿Le gusta leer y que le lean historias?			
¿Utiliza un lápiz para escribir palabras y números?			
¿Duerme tranquilamente toda la noche?			
¿Atrapa pelotas de tenis, camina por una barra para equilibrio, batea una pelota?			
¿Planea y lleva a cabo proyectos con un mínimo de ayuda por parte de los adultos?			
¿Se ata sus zapatos?			
¿Hace dibujos con mucho detalle y sentido de la proporción?			
¿Cuida de sus necesidades personales con un poco de supervisión por parte de los adultos?			
¿Se lava las manos?			
¿Se lava los dientes?			
¿Utiliza el baño?			
¿Se viste solo?			
¿Demuestra conocer los conceptos del principio de causa y efecto?			

LISTA DE COMPROBACIÓN DEL DESARROLLO

Nombre del niño _____   Edad _____

Observador _____   Fecha _____

LISTA DE COMPROBACIÓN DEL DESARROLLO

A LOS OCHO AÑOS DE EDAD: El niño, . . .	Sí	No	A veces
¿Tiene energía para jugar, para continuar creciendo, y para sufrir pocas enfermedades?			
¿Utiliza un lápiz de manera deliberada y con control?			
¿Expresa pensamientos relativamente complejos de manera clara y lógica?			
¿Desarrolla instrucciones con pasos diversos (4–5)?			
¿Se frustra con menos facilidad por su desempeño?			
¿Interactúa y juega de manera cooperativa con otros niños?			
¿Demuestra interés por la expresión creativa — contando historias, bromeando, escribiendo, dibujando, cantando?			
¿Utiliza los cubiertos con facilidad?			
¿Tiene buen apetito?			
¿Demuestra interés por probar comidas nuevas?			
¿Sabe decir la hora?			
¿Controla las funciones de la vejiga y los intestinos?			
¿Participa en actividades grupales —juegos, deportes, entretenimientos?			
¿Desea ir a la escuela?			
¿Parece desilusionado si un día no puede ir ?			
¿Demuestra poseer capacidades para la lectura, la escritura y la matemática?			
¿Acepta responsabilidades y finaliza las tareas solo?			
¿Puede manejar las situaciones difíciles sin sentirse demasiado preocupado?			

APÉNDICE 3

HISTORIA DE LA SALUD DEL NIÑO

FORMULARIO DE MUESTRA

Se le agradecerá que se tome el tiempo necesario para rellenar este formulario de la manera más completa posible. La información que proporcione será confidencial y se utilizará para evaluar y planear el programa adecuado para su hijo.

INFORMACIÓN GENERAL

1. Nombre del niño _____ _____
                                (Nombre)   (Apellido)

2. Domicilio del niño _____
                                       (Calle)

   _____
                               (Ciudad, Estado, Código Postal)

3. Número de teléfono particular (_____)_____

4. Sexo del niño: _____ Femenino _____ Masculino

5. Fecha de nacimiento del niño _____ _____ _____
                                           Día   Mes   Año

6. Nombre de la madre _____

7. Nombre del padre _____

HISTORIA DEL NACIMIENTO

8. Duración de la gestación: ___ 6 ___ 7 ___ 8 ___ 9 meses

9. Peso del niño al nacer: _____ kilogramos

10. ¿Existió algún factor poco usual o complicaciones durante la gestación?
    ___ sí ___ no. Describa: _____

11. ¿Tuvo el niño algún problema médico al nacer? Es decir, ictericia, dificultades
    respiratorias, defectos de nacimiento ___ sí ___ no. Describa: _____
    _____

12. ¿Qué médico está más familiarizado con el niño? _____

    Número de teléfono del médico: (____) _____

13. ¿Toma el niño algún medicamento de manera regular? ___ sí ___ no. Si su respuesta es
    afirmativa, mencione el medicamento y la dosificación: _____

14. ¿Ha sufrido el niño algunas de las enfermedades mencionadas a continuación
    (incluya la fecha)?

    ___ sarampión   ___ fiebre reumática

    ___ paperas   ___ varicela

    ___ tos convulsiva   ___ neumonía

    ___ infección media en los oídos ___ hepatitis
        (otitis media)

    ___ meningitis

15. ¿Han existido complicaciones con tales enfermedades, como temperatura alta,
    convulsiones, debilidad muscular, u otras? ___ sí ___ no. Describa: _____
    _____

16. ¿Ha sido alguna vez hospitalizado el niño? ___ sí ___ no. N° de veces ___
    Tiempo total _____

    Razones: _____

17. ¿Ha sufrido el niño alguna otra enfermedad o herida severas por las que no se lo
    hospitalizó? ___ sí ___ no.

    Describa: _____

18. ¿Cuántos resfríos sufrió el niño durante el año pasado? _____

19. ¿Sufre el niño de:

    Alergias? ___ sí ___ no. (especifique qué clase de alergias):

        Alimentos _____

        Animales _____

        Medicamentos _____

Asma? ___ sí ___ no.

Fiebre del heno? ___ sí ___ no.

20. ¿Ha sufrido el niño algún tipo de dolor o infección de oído? ___ sí ___ no.
Si su respuesta es afirmativa, ¿con cuánta frecuencia durante el año pasado?

_____

21. ¿Se le ha realizado al niño algún examen de audición? ___ sí ___ no.

Fecha del examen: _____ _____
                          (mes)   (año)
¿Hubo alguna evidencia de pérdida de audición? ___ sí ___ no.

Si su respuesta es afirmativa, describa: _____

22. ¿Posee el niño en la actualidad conductos en los oídos? ___ sí ___ no.

23. ¿Considera que el desarrollo del habla o del lenguaje del niño no es normal?

___ sí ___ no. Si su respuesta es afirmativa, describa: _____

24. ¿Se le ha realizado al niño algún examen de visión? ___ sí ___ no.

Fecha del examen: _____ _____
                          (mes)   (año)

25. ¿Hubo alguna evidencia de pérdida de visión? ___ sí ___ no.

Describa: _____

26. ¿Hace el niño ciertas cosas que usted considera problemáticas?

Describa: _____

27. ¿Ha participado el niño alguna vez de servicios de cuidado de niños fuera de casa—
por ejemplo, con una niñera, en una guardería, en un preescolar? ___ sí ___ no.
Describa: _____

JUEGOS DEL NIÑO

28. ¿Dónde juega, generalmente, el niño—por ejemplo, en el patio, la cocina, su
habitación? _____

29. ¿Con frecuencia, el niño juega: ___ solo? ___ con uno o dos niños?
___ con sus hermanos/hermanas?

___ con niños mayores?   ___ con niños menores?

___ con niños de la misma edad?

30. ¿Con frecuencia, el niño es ___ solidario? ___ tímido? ___ agresivo?

31. ¿Cuáles son los juguetes y las actividades favoritos del niño?

Describa: _____

32. ¿Existe algún comportamiento en especial que desea que observemos?

Describa: _____

_____

RUTINAS DIARIAS DEL NIÑO

33. ¿Siente preocupación por ciertos hábitos del niño, como:

___ sus hábitos alimenticios?

___ sus hábitos de sueño?

___ sus hábitos al ir al baño?

Si su respuesta es afirmativa, describa: _____

34. ¿Va el niño solo al baño? ___ sí ___ no. Si su respuesta es afirmativa, ¿con cuánta frecuencia sufre accidentes? _____

35. Qué palabra/s utiliza o con cuál entiende el niño las funciones de:

orinar _____ mover los intestinos _____

36. ¿Cuántas horas duerme el niño? A la noche _____?

Se acuesta a las:_____ de la mañana. Se despierta a las:_____ de la tarde. _____

37. Cuando el niño se siente molesto, ¿cómo lo tranquiliza? _____

_____

38. El término *familia* posee muchos significados diferentes. Debido a que el tema de la familia y de los miembros de una familia, con frecuencia se incluye en las discusiones de las aulas, le solicitamos que mencione o describa a quiénes considera el niño su "familia" en casa. _____

_____

39. ¿Cuántos hermanos y/o hermanas tiene el niño? _____

Hermanos (edades): _____ Hermanas (edades): _____

_____ _____

_____ _____

40. ¿Qué idioma/s se habla/n con mayor frecuencia en su casa?

Castellano _____ Otro _____

41. ¿Existe alguna otra información que nos ayudaría a comprender mejor al niño o a trabajar mejor con él? _____

_____

APÉNDICE 4

INSTRUMENTOS DE EVALUACIÓN

EJEMPLOS DE PRUEBAS DE EXPLORACIÓN

AGS Early Screening Profiles (Perfiles de exploración precoz AGS) examinan las capacidades cognoscitivas, del lenguaje, sociales, de autonomía y motrices de los niños de dos a siete años; incluye la información brindada por los padres, los maestros y los cuidadores de los niños.

Denver Developmental Screening Test (Denver II, prueba de exploración del desarrollo Denver) es adecuada para examinar a los niños desde el nacimiento hasta los seis años de edad en cuatro áreas del desarrollo: personal/social, del lenguaje, motriz fina y motriz gruesa. Es posible llevar registros del comportamiento del niño durante la prueba.

Developmental Activities Screening Inventory (DASI II, inventario de la exploración de las actividades del desarrollo) valora a los niños desde el mes de edad hasta los cinco años; es una prueba no verbal especialmente útil para niños con desórdenes en la audición o en el lenguaje; además, ofrece adaptaciones para niños con problemas de visión.

Developmental Indicators for the Assessment of Learning—Revised (DIAL-R, indicadores del desarrollo para la valoración del aprendizaje - revisado) está diseñado para valorar el desarrollo motor, conceptual y del lenguaje en niños de dos a cinco años, durante nueve meses; incluye una lista de comportamientos socioemocionales observados durante la prueba. Se adjunta un "Parent Information Form" (Formulario de información de los padres) relacionado con la salud del niño y con las experiencias en la escuela y en casa.

First Steps: Screening Test for Evaluating Preschoolers (Primeros pasos: prueba de exploración para preescolares) puede utilizarse con niños de dos años, durante nueve meses, a seis años, durante dos meses, en sus capacidades cognoscitivas, comunicativas y motrices; se incluye una "Adaptive Behavior Checklist" (Lista de comportamiento de adaptación) y una "Social-Emotional Scale" (Escala socioemocional) así como una "Parent–Teacher Scale" (Escala para padres y profesores) relacionada con el comportamiento del niño en la escuela y en casa.

175

EJEMPLOS DE INSTRUMENTOS DE EVALUACIÓN

APGAR Scoring System (sistema de puntuación APGAR) se aplica al minuto, y luego otra vez a los cinco minutos después del nacimiento; el APGAR valora la tonificación muscular, la respiración, el color, los latidos del corazón y los reflejos, con una puntuación máxima de 10. La información obtenida se utiliza para determinar los niños que necesitan un cuidado especial.

Neonatal Behavioral Assessment Scale (NBAS—, escala de valoración del comportamiento neonatal - con frecuencia se denomina *The Brazelton***)** valora las respuestas del comportamiento en lactantes nuevemesinos con más de veintiocho días de edad. Una modificación importante del NBAS lo constituye el *"Kansas Supplement" (NBAS-K, suplemento Kansas)*. Agrega varios parámetros esenciales y, además, valora el comportamiento (Estado) común del lactante así como su comportamiento óptimo (El único objetivo del NBAS original).

Kaufman Assessment Battery for Children (Material de valoración para niños Kaufman) se utiliza con niños de dos y medio a doce años de edad para examinar sus capacidades de proceso mental. Los instrumentos de valoración se diseñaron para minimizar los efectos de las influencias verbales, de género y étnicas.

Learning Accomplishment Profile—Diagnostic Standardized Assessment (LAP-D, perfil de aprendizaje conseguido - valoración regularizada de diagnóstico) valora a niños de entre dos y medio y seis años de edad en sus capacidades motrices finas (Como aquellas para escribir y manipular), motrices gruesas (Como el movimiento del cuerpo y los objetos), las de relacionar y contar (Consideradas como tareas cognoscitivas) y las del lenguaje (Comprensión y denominación del objeto).

Bayley Scales of Infant Development (Escalas Bayley para el desarrollo de lactantes) evalúan el desarrollo tanto motor como cognoscitivo. Se extendió el alcance de la edad, a fin de incluir a los niños desde el mes de edad hasta los tres años y medio. Las "Mental Scales" (Escalas mentales) y las "Motor Scales" (Escalas motrices) son instrumentos independientes.

Peabody Developmental "Motor Scales" (Escalas del desarrollo motor Peabody) evalúan a niños desde el nacimiento hasta los siete años de edad en su desarrollo motor fino (De asimiento, de coordinación entre vista y mano y de destreza manual) y desarrollo motor grueso (Reflejos, equilibrio, locomoción, lanzamiento y captura).

Kaufman Survey of Early Academic and Language Skills (Estudio de las capacidades académicas y del lenguaje precoces Kaufman) valora a niños de tres a seis años en sus capacidades del lenguaje pasivo y productivo, así como los conceptos relacionados con los números, con saber contar, con las letras y con las palabras; incluye un estudio de articulación.

Peabody Picture Vocabulary Test—Revised (Prueba de vocabulario y dibujos Peabody - revisado) puede utilizarse con niños desde los tres años hasta la madurez; es una prueba de lenguaje pasivo con una adaptación para individuos con discapacidades motrices; se encuentra disponible una versión en castellano.

Preschool Language Scale (Escala de lenguaje preescolar) valora a niños desde el primer hasta los tres años de edad en su desarrollo auditivo de comprensión, de articulación, de las formas gramaticales y de los conceptos básicos.

Early Childhood Environment Rating Scale (ECERS, escala de clasificación del ámbito de la primera infancia) proporciona una valoración completa del ámbito escolar: espacio, materiales, actividades, supervisión, interacciones entre niños y entre niños y adultos. Es útil para los ámbitos del lactante, del niño que aprende a caminar y del preescolar.

Home Observation for Measurement of the Environment (HOME, observación en casa para el examen del ámbito) es la prueba más conocida y más utilizada en los inventarios dentro de casa. Las escalas se aplican desde la lactancia hasta la segunda infancia; cada versión valora tanto el ámbito físico como el respaldo social, emocional y cognoscitivo del niño.

La Audilogía, es decir, la valoración de la audición para lactantes y niños requiere una prueba clínica llevada a cabo por un médico capacitado. Sin embargo, es *muy importante,* a fin de lograr una identificación, que los maestros y los padres registren e informen de sus observaciones siempre que sospechen que el niño no oye adecuadamente. Las señales de advertencia incluyen:

- tirar de una oreja o golpearse un oído;
- drenar por un canal auditivo;
- no responder o mirar perplejo cuando se le habla;
- pedir, con frecuencia, que se le repita lo que le dijeron —¿Qué? ¿Eh?;
- hablar en voz demasiado alta o demasiado baja;
- articular o discriminar poco los sonidos.

La prueba Snellen E o Illiterate E (Iletrado E) es un instrumento que, con frecuencia, se utiliza para valorar la agudeza visual de niños pequeños (No es necesario conocer el alfabeto). Al igual que con la audición, para la valoración de niños pequeños por problemas de visión es muy importante la información y las indicaciones informales brindadas por los padres y los maestros respecto a señales tales como:

- frotarse los ojos con frecuencia o cerrar o cubrirse un ojo;
- tropezarse constantemente o chocarse con cosas;
- quejarse de dolores de cabeza frecuentes;
- parpadear excesivamente cuando mira libros o está leyendo;
- frotar los ojos con las manos como si tratara de quitar la visión borrosa.

APÉNDICE 5

BIBLIOGRAFÍA ANOTADA Y REFERENCIAS

DESARROLLO DEL NIÑO

Bee, H. (1998). *The developing child* (8th ed.). New York: HarperCollins.
Es muy recomendable leer este texto completo del desarrollo del niño. Proporciona una cobertura psicológicamente razonable, aunque convencional, de todos los aspectos del desarrollo del niño. Desde el principio, se presentan descubrimientos de investigaciones de manera que es posible relacionarlos con facilidad con los ámbitos diarios de la casa y la escuela.

Berk, L. A. (1997). *Child development* (4th ed.). Boston, MA: Allyn & Bacon.
Los fundamentos del desarrollo del niño se presentan de una manera clara y cronológica. Se tratan muchos temas contemporáneos, dando un énfasis especial a la influencia de la cultura en el desarrollo del niño, a la aplicación de la investigación en la práctica y a la manera en que la política social afecta a los niños y a las familias.

Berns, R. (1994). *Topical child development*. Albany, NY: Delmar Publishers.
Escrito por un especialista en el desarrollo de niños de una profunda sensibilidad, este texto combina la teoría y la investigación psicológicas de maneras muy descriptivas y muy aplicables a la vida de los niños (un enfoque temático).

Bjorklund, D., and Bjorklund, B. (1992). *Looking at children*. Pacific Groves, CA: Brooks/Cole Publishing Company.
Texto de introducción para médicos, claro e inteligible, que combina con habilidad la teoría y la investigación con la aplicación práctica en el lenguaje.

Charlesworth, R. (1996) (4th ed.). *Understanding child development*. Albany, NY: Delmar Publishers.
Un libro excelente para maestros, cuidadores y padres; se concentra en el crecimiento y el desarrollo del lactante, del niño que aprende a caminar y del preescolar. Su riqueza en información fundamental está hábilmente combinada con varias sugerencias para trabajar con niños pequeños.

Cole, M., and Cole, S. (1993). *The development of children*. New York: Scientific American Books.
Este texto del desarrollo del niño presenta las teorías fundamentales y los temas de actualidad,

178

inclusive desde el nacimiento hasta la adolescencia, en un estilo profundo y digno de leerse, con
un marcado énfasis en la influencia de la cultura.

Flavell, J. H. (1992). *Cognitive development*. Englewood Cliffs, NJ: Prentice-Hall.
Ningún texto sobre el desarrollo cognoscitivo puede escapar por completo de la complejidad
técnica, aunque éste, que está escrito por un investigador destacado del desarrollo cognoscitivo
y de la teoría del desarrollo, es uno de los mejores y, aún, de los menos difíciles de comprender,
debido a su estilo sencillo y anecdótico.

Fogel, A. (1997). *Infancy*. New York: West Publishing Company.
Una visión general exhaustiva del desarrollo del niño, desde la concepción hasta los tres años,
que examina diferentes factores actuales que ejercen influencia sobre las diferencias
individuales, incluyendo la inteligencia, la sociabilidad y el temperamento.

Kopp, C. (1993). *Baby steps: The "why's" of your child's behavior in the first two years*. New York:
W. H. Freeman Company.
Basado en una investigación reciente, este libro proporciona una descripción minuciosa del
desarrollo del lactante y del niño que aprende a caminar en las áreas social, cognoscitiva,
emocional, motriz y perceptiva.

Santrock, J. W. (1997). *Children* (5th ed.). Dubuque, IA: Wm. C. Brown Publishers.
Un libro fascinante y fácil de leer que trata temas contemporáneos del desarrollo del niño de
una manera culturalmente sensible. Se han incorporado descubrimientos de investigaciones
exhaustivas, dando un énfasis especial en la aplicación diaria.

OBSERVACIÓN Y VALORACIÓN

Bentzen, M. (1997). *Seeing young children: A guide to observing and recording behavior* (3rd ed.). Albany,
NY: Delmar Publishers.
Un libro práctico para observar a los niños pequeños, para registrar el progreso en el desarrollo
y para utilizar la información obtenida a fin de estimular el desarrollo de cada niño en
diferentes áreas.

Hills, T. W. (1992). Reaching potentials through appropriate assessment. In S. Bradekamp and
T. Rosegrant (Eds.), *Reaching potentials: Appropriate curriculum and assessment for young children*
(vol. 1, pp. 43–63). Washington, DC: National Association for the Education of Young Children.
El volumen entero vale la pena y contiene este ensayo particular que señala cómo la
observación directa de los niños constituye la mayor fuente de información para diseñar el
programa de actividades tanto individuales como grupales.

Irwin, D. M., and Bushnell, M. M. (1980). *Observational strategies for child study*. New York:
Rinehart & Winston.
Aunque no es una publicación reciente, este texto continúa siendo un clásico. Proporciona
instrucciones y ejercicios detallados para enseñar las estrategias de observación más
importantes y asimismo proporciona una cobertura de la historia de la observación de niños.

McAfee, O., and Leong, D. (1997). *Assessing and guiding young children's development and learning*.
Boston, MA: Allyn & Bacon.
Éste es un libro excelente que abarca las estrategias de valoración y de exploración auténticas de

una manera de fácil comprensión; además, se incluyen muchos ejemplos. Los autores subrayan la valoración como un proceso, la sensibilidad a las diferencias individuales y la responsabilidad profesional.

McLean, M., Bailey, D., and Wolery, M. (1996). *Assessing infants and preschoolers with special needs* (2nd ed.). Columbus, OH: Prentice-Hall.
Un libro excelente escrito por educadores de la primera infancia unidos a profesionales de la salud. Los autores subrayan la importancia de la observación en los ámbitos naturales, de enfoque centrado en la familia y de la sensibilidad a las diferencias culturales.

Mindes, G., Ireton, H., and Mardell-Czudnowski, C. (1996). *Assessing young children.* Albany, NY: Delmar Publishers.
Este libro aporta información valiosa sobre el abanico de estrategias de valoración e incluye un repaso de las herramientas y los suministradores de exploración. Se da especial énfasis al uso adecuado de los descubrimientos de la valoración, a fin de tomar las decisiones razonables que afectan a los niños pequeños y de planear las prácticas de desarrollo adecuadas.

Nilsen, B. A. (1997). *Week by week: Observing and recording young children.* Albany, NY: Delmar Publishers.
El autor presenta un plan sistemático, aunque posible, para documentar el comportamiento de los niños. Se ofrecen varios métodos de observación y registro, junto con los principios del desarrollo del niño y las prácticas en el aula adecuadas.
Los capacitadores de maestros, los estudiantes que realizan prácticas y profesores de aulas encontrarán en este libro mucha utilidad.

NIÑOS CON NECESIDADES ESPECIALES

Allen, K. E., and Schwartz, I. (1996). *The exceptional child: Inclusion in early childhood education* (3rd ed.). Albany, NY: Delmar Publishers.
Un texto exhaustivo basado en la manera en que los principios del desarrollo se aplican, en los programas de primera infancia, a la inclusión y a la educación adecuada para niños de todas las capacidades del desarrollo.

Blackman, J. A. (1997). *Medical aspects of developmental disabilities in children birth through three.* Rockville, MD: Aspen Systems.
Un libro muy recomendable para el personal que trabaja con la primera infancia; proporciona información muy detallada y de fácil comprensión sobre temas médicos que afectan al progreso del desarrollo de niños pequeños.

Hanson, M., and Harris, S. (1986). *Teaching the young child with motor delays.* Austin,TX: Pro-Ed Publishers.
Un libro sencillo que salva el vacío que existe entre los padres y los médicos que trabajan con niños desde el nacimiento hasta los tres años, con discapacidades motrices; incluye estrategias de docencia y actividades de terapia que pueden utilizarse en casa y en los programas de guarderías.

Johnson, L. J., Gallagher, R. J., LaMontagne, M. J., Jordan, J. B., Gallagher, J. J., Hutinger, P. L., and Karnes, M. B. (Eds.). (1994). *Meeting early intervention challenges.* Baltimore: Paul H. Brookes.
Escrito por profesionales importantes en el campo, este libro examina temas y desafíos claves

relacionados con los servicios de intervención precoz para niños pequeños y la familia. En todo el libro se evidencia un fuerte compromiso con la colaboración profesional y con el enfoque de equipo transdisciplinario.

McCormick, L., and Schiefelbusch, R. (1994). *Early language intervention.* Columbus, OH: Charles E. Merrill.

Una introducción excelente al desarrollo del lenguaje, tanto normal como atípico; incluye ejemplos prácticos de programas, procedimientos y materiales para mejorar las capacidades de comunicación de niños pequeños.

Noonan, M. J., and McCormick, L. (1993). *Early intervention in natural environments.* Pacific Grove, CA: Brooks/Cole Publishing Company.

Un libro conspicuo que cumple con la obligación federal de asistir a los lactantes y a los niños pequeños con problemas en el desarrollo, en el ámbito natural que elija la familia, utilizando juegos y otras actividades y oportunidades de aprendizaje adecuadas para el desarrollo.

Roush, J., and Matkin, N. (Eds.). (1994). *Infants and toddlers with hearing loss: Family-centered assessment and intervention.* Baltimore, MD: York Press.

Los autores presentan información importante sobre diversos desórdenes auditivos en niños pequeños y comentan las técnicas de valoración adecuadas y aquellas con un enfoque en la familia.

Swan, W. W., and Morgan, J. L. (1993). *Collaboration for comprehensive services for young children and their families.* Baltimore, MD: Paul Brookes.

Un libro práctico que incluye consejos útiles para crear y mejorar los sistemas de colaboración entre organismos locales; además, examina el rol que desempeñan, sus preocupaciones con respecto a la organización y el procedimiento, la financiación, la manera de facilitar la colaboración y la evaluación de los resultados.

Zipper, I., Weil, M., and Rounds, K. (1996). *Service coordination for early intervention: Parents and professionals.* Cambridge, MA: Brookline Books.

En este libro se proporciona un recurso de información importante, a fin de ayudar a los padres y a los profesionales a desarrollar programas de intervención precoz con un énfasis en la familia. Se tratan muchas preocupaciones logísticas para establecer servicios de intervención, incluyendo el papel que desempeña el proveedor de servicios, la manera de estimular la colaboración, la evaluación de resultados, el empleo de personal y la sensibilidad hacia las diferencias individuales.

DIVERSIDAD

deMelendez, W., and Ostertag, V. (1997). *Teaching young children in multicultural classrooms: Issues, concepts and strategies.* Albany, NY: Delmar Publishers.

Los autores se describen a sí mismos como "recién llegados" a los Estados Unidos, aunque es evidente que no lo son a la diversidad cultural representada en nuestras escuelas y en nuestros centros de cuidado infantil. Este texto tan bien organizado especifica planes para desarrollar un plan de estudios funcional y multicultural. Además, proporciona una perspectiva aguda de la historia, así como el futuro del multiculturalismo en nuestras escuelas y en el país.

Gordon, A., and Browne, K. W. (1996). *Guiding young children in a diverse society.* Boston, MA: Allyn & Bacon.

Este texto está basado en la premisa de que los principios del desarrollo lógicos se aplican a todos los niños, independientemente de sus antecedentes culturales. Además, se examina un contrapunto: que los maestros deben emplear una sensibilidad cultural cuando los padres desafían la filosofía tradicional de la primera infancia. Constituye un examen valioso de los diversos puntos de vista de la educación precoz.

Isenberg, J. P., and Jalongo, M. R. (Eds.). (1997). *Major issues and trends in early childhood education.* New York: Teachers College Press.

Una serie de artículos en los que los autores examinan temas y desafíos actuales en el campo con respecto a la política estatal, a la inclusión, a la diversidad, a la participación familiar, al DAP y a la valoración.

Lynch, E. W., and Hanson, M. J. (1992). *Developing cross-cultural competence: A guide to working with young children and their families.* Baltimore, MD: Paul Brookes.

La diversidad cultural, del lenguaje y del desarrollo entre los niños y la familia es el centro de este texto tan bien estudiado. Los capítulos 4 a 11 proporcionan una visión detallada de las siete culturas más comunes representadas en las escuelas y en los centros de cuidado infantil en la actualidad. Los autores describen y analizan las diferencias culturales, cada uno de ellos con su respectiva cultura.

McCracken, J. B. (1993). *Valuing diversity: The primary years.* Washington, DC: NAEYC.

Este libro constituye un recurso que subraya la importancia de reconocer e implementar las prácticas que abarcan las diferencias individuales.

LA FUNCIÓN DE LOS PADRES

A reader's guide for parents of children with mental, physical or emotional disabilities. (1990). Woodbine House Publishers.

Una colección excelente que consta de más de mil libros y otros recursos, relativos todos a las discapacidades y destinada a padres de niños con necesidades especiales. Además del índice de temas y títulos extenso, este libro también proporciona listados de organizaciones, de grupos de ayuda para padres y de organismos profesionales.

Beer, W. R. (1992). *American stepfamilies.* New Brunswick, NJ: Transaction Publishers.

El autor presenta una visión general de las preocupaciones especiales que afrontan las familias adoptivas, en especial las relaciones entre los adultos y las interacciones entre el padre y el niño. El uso extensivo de historias y de las experiencias personales ofrece una revelación única y sensible de los patrones familiares que, con frecuencia, se malinterpretan.

Brooks, J. B. (1996). *Parenting.* Mountain View, CA: Mayfield Publishing Company.

Un libro completo que trata muchos temas actuales relacionados con la función de los padres. Se incluye información sobre el control del comportamiento y sobre las expectativas adecuadas del desarrollo en niños de todas las edades de acuerdo con la continuidad del desarrollo. Además, se presta especial atención a temas como los padres que trabajan, el padre que está solo, los padres adoptivos y los niños con necesidades específicas.

Christopherson, E. R. (1990). *Beyond discipline: Parenting that lasts a lifetime.* Kansas City, KS: Westport Publishers.

Esta respetada autoridad en desarrollo del niño y en control del comportamiento aborda la preocupación mundial de los padres y los maestros con su inteligencia y humor característicos. Sus técnicas han evolucionado gracias a la investigación exhaustiva y a los años de experiencia clínica con niños pequeños.

Eisenberg, A., Murkoff, H., and Hathway, S. (1996). *What to expect: The first year.* NY: Workman Publishers.

Eisenberg, A., Murkoff, H., and Hathway, S. (1996). *What to expect: The toddler years.* NY: Workman Publishers.

Ambos libros proporcionan una riqueza en información realista acerca de cada niño pequeño, tanto para padres y cuidadores primerizos como para los que ya tienen cierta experiencia. Se proporciona una cobertura excelente del desarrollo del niño y de las rutinas de cuidado, de una manera de fácil comprensión. Quizá sea este el manual que todo padre de niño pequeños busca.

Hamner, T., and Turner, P. (1996). *Parenting in contemporary society.* Needham Heights, MA: Allyn & Bacon.

Examina la diversidad de patrones familiares tradicionales y no tradicionales de los Estados Unidos, junto con las diferencias culturales, las variaciones socioeconómicas, las familias que trabajan, las familias en alto riesgo y la adopción y la estimulación, así como las familias de niños diferentes. A través de todo el libro, se pone especial énfasis en las estrategias de cuidado eficaces.

Jaffe, M. L. (1996). *Understanding parenting.* New York: Wm. C. Brown Publishers.

Se da especial énfasis a los problemas de los niños que, con frecuencia, enfrentan a los padres y los cuidadores de niños pequeños hasta la adolescencia. Se subraya también la importancia de las buenas relaciones y comunicaciones entre padres e hijos.

Marotz, L., Cross, M., and Rush, J. (1997). *Health, safety, and nutrition for the young child* (4th ed.). Albany, NY: Delmar Publishers.

Una revisión exhaustiva de los diferentes factores que mejoran el crecimiento y el desarrollo de los niños. Incluye información y conocimiento provenientes de algunas de las más recientes investigaciones en relación con cada una de estas áreas. Es de suma utilidad para padres y cuidadores.

Parenting: An ecological perspective. (1993). T. Luster and L. Okagaki (Eds.). Hillsdale, NJ: Lawrence Erlbaum Associates, Publishers.

Una compilación actualizada de las investigaciones de diferentes temas actuales relacionados con las diferencias en el comportamiento de los padres. Estos estudios multidisciplinares se realizaron a fin de mejorar el comportamiento de los padres y para mejorar eficazmente las relaciones entre padres e hijos.

Watson, L., Watson, M., and Wilson, L. C. (1999). *Infants and toddlers* (4th ed.). Albany, NY: Delmar Publishers.

Los padres y los cuidadores verán que este libro tiene una utilidad especial para comprender las secuencias del desarrollo, para crear ámbitos enriquecedores y para proporcionar experiencias de aprendizaje adecuadas para satisfacer las necesidades del desarrollo de lactantes y niños que aprenden a caminar.

Weiser, M. (1991). *Infant/toddler care and education.* New York: Macmillan Publishing Company.

Otro libro completo que subraya los aspectos más importantes de los enfoques de cuidado y de la educación característicos para el lactante y el niño que aprende a caminar. Este libro está diseñado para padres y cuidadores de niños menores de tres años.

ÍNDICE